GESÙ, CONFIDO IN TE!

Adorare e implorare la Misericordia di Dio

LIBRERIA EDITRICE VATICANA

Testi a cura di Sr. M. E. Siepak

Traduzione dal polacco: Monika Grygiel

Visto, Nihil obstat: P. Andrea Spegne, M. F.

Imprimatur:

Francisci Card. Marchisano
Archipr. Patr. Basilicæ Vaticanæ
Vicarius Generalis pro Civitate Vaticana
E Vicariatu Civitatis Vaticanæ
d. V m. iunii a. MMIV

Chi volesse ricevere pubblicazioni su Santa Faustina e sul culto della Divina Misericordia, immagini o altro materiale, può rivolgersi al seguente indirizzo:

Chiesa di Santo Spirito in Sassia
Centro di Spiritualità
della Divina Misericordia
Congregazione delle Suore della Beata Vergine
Maria della Misericordia
Via dei Penitenzieri, 12 – 00193 Roma
Tel. 06.687.93.10; fax 06.68.33.445

www.divinamisericordia.it

Insegnamento del Santo Padre Giovanni Paolo II

« La Chiesa deve considerare come uno dei suoi principali doveri — in ogni tappa della storia e, specialmente, nell'età contemporanea — quello di **proclamare e di introdurre nella vita il mistero della misericordia,** rivelato in sommo grado in Gesù Cristo. Questo mistero, non soltanto per la Chiesa stessa come comunità dei credenti, ma anche in certo senso, per tutti gli uomini, è fonte di una vita diversa da quella che l'uomo, esposto alle forze prepotenti della triplice concupiscenza, operanti in lui (cf. *1 Gv* 2,16), è in grado di costruire (...). La Chiesa proclama la verità della misericordia di Dio, rivelata in Cristo crocifisso e risorto, e la professa in vari modi. Inoltre, essa cerca di attuare la misericordia verso gli uomini attraverso gli uomini, vedendo in ciò un'indispensabile condizione della sollecitudine per un mondo migliore e "più umano", oggi e domani. Tuttavia, in nessun momento e in nessun periodo storico — specialmente in un'epoca così critica come la nostra — la Chiesa può dimenticare **la preghiera, che è grido alla misericordia di Dio** dinanzi a molteplici forme di male che gravano sull'umanità e la minacciano. Proprio questo è il fondamentale diritto-dovere della Chiesa, in Cristo Gesù: è il diritto-dovere della Chiesa verso Dio e verso gli uomini».

(GIOVANNI PAOLO II, *Dives in misericordia,* 14.15)

Santa Faustina

La testimonianza di vita e la missione di Santa Faustina ci indicano come deve essere realizzato il compito *di proclamare e di introdurre nella vita il mistero della misericordia* e la grande *preghiera, che è grido alla misericordia di Dio,* proposta dal Santo Padre a tutta la Chiesa.

Suor Faustina Kowalska nacque nel 1905 a Głogowiec, presso Lódź, nella Polonia centrale, come terzogenita in una povera famiglia contadina di dieci figli. Sin dalla più tenera età si distinse per la predilezione verso la preghiera, per la laboriosità, per l'obbedienza e per una grande sensibilità alla povertà umana. Frequentò la scuola solamente per tre anni e appena sedicenne lasciò la casa paterna per andare a servizio presso famiglie benestanti. A 20 anni entrò nella Congregazione delle Suore della Beata Vergine Maria della Misericordia dove visse gli ultimi tredici anni della sua vita con il nome di Maria Faustina.

Soggiornò in diverse case della Congregazione, soprattutto a Cracovia, Płock e Vilnius, svolgendo mansioni di cuoca, giardiniera e portinaia.

Esteriormente la vita di Suor Faustina fu normale e anzi poteva sembrare monotona e grigia, ma in realtà fu straordinariamente ricca grazie ad un'intensa vita interiore, piena di esperienze mistiche.

Sin dall'infanzia Suor Faustina desiderava diventare una grande santa e vi tendeva con tutte le forze. Era sempre pronta a collaborare con Gesù Cristo per la salvezza delle anime perdute, fino al punto di offrire la propria vita per i peccatori. Gli anni della sua vita religiosa furono segnati dalla sofferenza e nello stesso tempo da grazie mistiche. Il Signore le concesse doni straordinari: visioni, apparizioni, stimmate nascoste, partecipazione alla Passione di Cristo, unione mistica, e le fece conoscere il mistero della Sua Misericordia.

A questa religiosa polacca, semplice e senza istruzione, ma forte, umile e caratterizzata da una illimitata fiducia in Dio, il Signore ha rivolto parole sorprendenti:

«*Nell'Antico Testamento mandai al mio popolo i profeti con fulmini. Oggi mando te a tutta l'umanità con la Mia misericordia. Non voglio punire l'umanità sofferente, ma desidero guarirla e stringerla al Mio cuore misericordioso*» (D. 1589).

La missione di Santa Faustina consiste nel:

– ricordare la verità di fede, rivelata nella Sacra Scrittura, sull'amore misericordioso di Dio per ogni uomo, anche per il peccatore più grande;

– trasmettere nuove forme di culto della Divina Misericordia;

– promuovere un grande movimento di devoti e di apostoli della Divina Misericordia che dovrebbe portare al rinnovamento religioso nello spirito del suddetto culto, cioè nello spirito evangelico della fiducia in Dio e nella carità e misericordia verso gli uomini.

Suor Faustina, distrutta dalla malattia e da varie sofferenze che sopportava volentieri come sacrificio per i peccatori, nella pienezza della maturità spirituale e misticamente unita a Dio, morì a Cracovia il 5 ottobre 1938 all'età di appena 33 anni. La fama della santità della sua vita crebbe insieme alla diffusione del culto della Divina Misericordia e secondo le grazie ottenute tramite la sua intercessione. Negli anni 1965-67 si svolse a Cracovia il processo informativo relativo alla sua vita e alle sue virtù e nel 1968 iniziò a Roma il processo di beatificazione che si concluse nel dicembre del 1992. Il 18 aprile del 1993, sulla piazza di San Pietro a Roma, il Santo Padre Giovanni Paolo II l'ha beatificata e il 30 aprile 2000 l'ha canonizzata. La tomba di Santa Faustina si trova nel santuario della Divina Misericordia a Cracovia-Łagiewniki.

Giovanni Paolo II ha offerto in dono alla Chiesa di S. Spirito in Sassia a Roma il reliquario della canonizzazione di S. Faustina per la venerazione pubblica dei fedeli.

Nuove forme del culto della Divina Misericordia trasmesse da Santa Faustina

L'essenza del culto della Divina Misericordia

A) **Fiducia:** caratterizza il nostro atteggiamento verso Dio e non esprime soltanto la speranza, ma anche fede viva, umiltà, perseveranza e pentimento per le colpe commesse. Si tratta quindi di un atteggiamento filiale, per cui l'uomo in ogni situazione si fida senza riserve dell'amore misericordioso e dell'onnipotenza del Padre celeste.

La fiducia è un elemento essenziale della devozione alla Divina Misericordia, senza il quale tale devozione non potrebbe esistere. Alla base di essa infatti sta proprio un atto di fiducia. Anzi, già il solo atteggiamento di fiducia (anche senza la pratica di altre forme di culto) assicura le grazie della misericordia di Dio. « *Desidero conce-*

dere grazie inimmaginabili alle anime — diceva il Signore — *che hanno fiducia nella Mia misericordia* (D 687). *Ho aperto il Mio Cuore come una viva sorgente di misericordia, tutte le anime vi attingano la vita, si avvicinino con grande fiducia a questo mare di misericordia. I peccatori otterranno la giustificazione ed i giusti verranno rafforzati nel bene. A colui che avrà posto la sua fiducia nella Mia misericordia, nell'ora della morte colmerò l'anima con la Mia pace divina*» (D. 1520).

La fiducia non solo costituisce l'essenza, il fondamento della devozione alla Divina Misericordia, ma è anche una condizione per poter ricevere le grazie. «*Le grazie della Mia misericordia* — spiegava Gesù a Santa Faustina — *si attingono con un solo recipiente e questo è la fiducia. Più un'anima ha fiducia, più ottiene. Sono di grande conforto per Me le anime che hanno una fiducia illimitata, e su tali anime riverso tutti i tesori delle Mie grazie. Sono contento quando chiedono molto, poiché è Mio desiderio dare molto anzi moltissimo* (D. 1578). *L'anima che confida nella Mia misericordia è la più felice, poiché io stesso ho cura di lei* (D. 1273). *Nessun'anima, che ha invocato la Mia misericordia, è rimasta delusa né confusa. Ho una predilezione particolare per l'anima che ha fiducia nella Mia bontà*» (D. 1541).

B) **Misericordia:** caratterizza il nostro atteggiamento verso ogni uomo. Gesù Cristo ha detto a Santa Faustina: «*Esigo da te atti di misericordia, che debbono derivare dall'amore verso di Me. Devi mostrare misericordia sempre e ovunque verso il prossimo: non puoi esimerti da questo, né rifiutarti né giustificarti. Ti sottopongo tre modi per dimostrare misericordia verso il prossimo: il primo è l'azione, il secondo è la parola, il terzo la preghiera. In questi tre gradi è racchiusa la pienezza della misericordia ed è una dimostrazione irrefutabile dell'amore verso di Me. In questo modo l'anima esalta e rende culto alla Mia misericordia*» (D. 742).

Gli atti di carità verso il prossimo costituiscono una condizione necessaria per ricevere le grazie. «*Se un'anima non prati-*

ca la misericordia in qualunque modo, — ricordava Gesù il suo insegnamento racchiuso nel Vangelo — *non otterrà la Mia misericordia nel giorno del giudizio. Oh, se le anime sapessero accumulare per sé tesori eterni, non verrebbero giudicate, prevenendo il Mio giudizio con la misericordia!*» (D. 1317).

Gesù Cristo desidera che i suoi fedeli compiano almeno un atto di misericordia al giorno. In questo modo aiutano il prossimo e ricordano agli uomini la infinita Misericordia di Dio.

«*Sappi, figlia mia,* — diceva Gesù a Santa Faustina — *che il Mio cuore è la misericordia stessa. Da questo mare di misericordia le grazie si riversano sul mondo intero. Nessun'anima che si sia avvicinata a Me, è ripartita senza essere stata consolata. Ogni miseria affonda nella Mia misericordia e da questa sorgente scaturisce ogni grazia salvifica e santificante... Desidero che questa misericordia si riversi sul mondo intero tramite il tuo cuore. Chiunque si avvicina a te, non parta senza la fiducia nella Mia misericordia che desidero tanto nelle anime. Prega quanto puoi per gli agonizzanti; impetra loro la fiducia nella Mia misericordia, poiché essi hanno più che mai bisogno della fiducia e ne hanno tanto poca. Sappi che la grazia della salvezza eterna di alcune anime, all'ultimo momento, è dipesa dalle tue preghiere. Tu conosci tutto l'abisso della Mia misericordia; attingi perciò da esso per te e soprattutto per i poveri peccatori»* (D. 128-129).

1. *L'immagine di Gesù Misericordioso*

L'immagine di Gesù Misericordioso riproduce la visione che la Santa Faustina ha avuto a Płock il 22 febbraio 1931.

Durante questa visione Gesù Cristo ha espresso il desiderio che si dipingesse il quadro con la scritta: Gesù, confido in Te!

L'immagine rappresenta il Cristo risorto con i segni della crocifissione nelle mani e nei piedi. Dal Cuore trafitto, non visibile nel quadro, escono due raggi: rosso l'uno e pallido l'altro. Gesù Cristo sul significato dei raggi ha dato la seguente spiegazione: *Il raggio pallido rappresenta l'Acqua che giustifica le anime; il raggio rosso rappresenta il Sangue che è la vita delle anime... Entrambi i raggi uscirono dall'intimo della mia misericordia, quando sulla croce il mio cuore, già in agonia, venne squarciato con la lancia* (D. 299). In altre parole, questi due raggi rappresentano sia i sacramenti che la Chiesa, nata dal Cuore trafitto di Gesù Cristo, come pure i doni dello Spirito Santo il cui simbolo biblico è proprio l'acqua. *Beato colui che vivrà alla loro ombra,* — dice Gesù — *poiché non lo colpirà la giusta mano di Dio* (D. 299).

L'immagine, quindi, raffigura la grande misericordia di Dio che è stata rivelata nel mistero pasquale di Cristo e si attua pienamente nella Chiesa tramite i sacramenti. Essa ha ruolo di un recipiente dal quale si attingono le grazie e nello stesso tempo è segno che ricorda ai fedeli la necessità di avere fiducia in Dio e misericordia verso il prossimo. L'atteggiamento di fiducia viene rammentato dalle parole scritte sotto l'immagine: Gesù, confido in Te! L'immagine stessa, secondo le parole di Gesù, *deve ricordare le esigenze della Mia misericordia, poiché anche la fede più forte non serve a nulla senza le opere* (D. 742).

Il culto di questa immagine consiste nella preghiera fiduciosa unita alle opere di misericordia. A tale culto Gesù ha legato le seguenti promesse: la grazia della salvezza, grandi progressi sulla via della perfezione cristiana, la grazia della morte santa, nonché tutte le altre grazie e i benefici terreni richiesti con fiducia dagli uomini.

Dice il Signore: *Porgo agli uomini il recipiente, col quale debbono venire ad attingere le grazie alla sorgente della misericordia. Il recipiente è quest'immagine con la scritta: Gesù, confido in Te* (D. 327). *Attraverso questa immagine concederò molte grazie alle anime, perciò ogni anima deve poter accedere ad essa* (D. 570). *Prometto che l'anima, che venererà quest'immagine, non perirà. Prometto pure già su questa terra, ma in particolare nell'ora della morte, la vittoria sui nemici. Io stesso la difenderò come mia gloria* (D. 48).

Le fiamme della misericordia mi bruciano, desidero riversarle sulle anime degli uomini. Oh, che dolore mi procurano quando non vogliono accettarle!... Dì all'umanità sofferente che si stringa al mio cuore misericordioso e io la colmerò di pace (D. 1074). *L'umanità non troverà pace, finché non si rivolgerà con fiducia alla Mia misericordia* (D. 300).

Figlia mia, parla al mondo della Mia misericordia. Che conosca tutta l'umanità la Mia insondabile misericordia. Questo è un segno per gli ultimi tempi, dopo i quali arriverà il giorno della giustizia. Fintanto che c'è tempo ricorrano alla sorgente della Mia misericordia, approfittino del Sangue e Acqua scaturiti per loro (D. 848). *Prima che io venga come Giudice giusto, spalanco la porta della Mia misericordia. Chi non vuole passare attraverso la porta della misericordia, deve passare attraverso la porta della Mia giustizia* (D. 1146).

Atto di fiducia verso la Divina Misericordia

O Gesù misericordiosissimo, la Tua bontà è infinita e le ricchezze delle Tue grazie sono inesauribili. Confido totalmente nella Tua misericordia che supera ogni Tua opera. A Te dono tutto me stesso senza riserve per poter in tal modo vivere e tendere alla perfezione cristiana.

Desidero adorare ed esaltare la Tua misericordia compiendo opere di misericordia sia verso il corpo sia verso lo spirito, cercando soprattutto di ottenere la conversione dei peccatori e portando consolazione a chi ne ha bisogno, dunque agli ammalati e agli afflitti.

Custodiscimi o Gesù, poiché appartengo solo a Te e alla Tua gloria. La paura che mi assale quando prendo coscienza della mia debolezza è vinta dalla mia immensa fiducia nella Tua misericordia. Possano tutti gli uomini conoscere in tempo l'infinita profondità della Tua misericordia, abbiano fiducia in essa e la lodino in eterno. Amen.

2. *La Festa della Divina Misericordia*

Secondo il desiderio di Gesù la Festa della Divina Misericordia è celebrata nella seconda domenica di Pasqua. Ciò per sottolineare la stretta unione che esiste tra il mistero pasquale della Salvezza e la festa. La liturgia di quel giorno infatti loda Dio in particolare nel mistero della Sua misericordia. La Festa della Divina Misericordia è inoltre un giorno di grazia per tutti gli uomini, poiché Cristo ha legato a questa festa grandi promesse, di cui la più grande si riferisce alla Santa Comunione ricevendo la quale si ottiene la remissione totale dei peccati e delle pene temporali, cioè si riceve la stessa grazia del Battesimo. L'importanza di questa festa consiste nel fatto che tutti gli uomini, anche quelli che si convertono proprio in quel giorno, possono chiedere tutte le grazie che corrispondono alla volontà di Dio.

« *Voglio che l'immagine...* — ha detto Gesù — a Santa Faustina — *venga solennemente benedetta nella prima domenica dopo Pasqua; questa domenica deve essere la Festa della Misericordia* (27). *Desidero che la Festa della Misericordia sia di riparo e rifugio per tutte le anime e specialmente per i poveri peccatori. In quel giorno sono aperte le viscere della Mia misericordia, riverserò tutto un mare di grazie sulle anime che si avvicinano alla sorgente della Mia misericordia. L'anima che si accosta alla confessione ed alla santa Comunione, riceve il perdono totale delle colpe e delle pene. In quel giorno sono aperti tutti i canali attraverso i quali scorrono le grazie divine. Nessuna anima abbia paura di accostarsi a Me, anche se i suoi peccati fossero come lo scarlatto* (D. 699).

La festa della Mia misericordia è uscita dalle Mie viscere a conforto del mondo intero (D. 1517) *ed è confermata nell'abisso delle Mie grazie* » (D. 420), ha detto Gesù.

Preparazione alla Festa della Divina Misericordia

La Festa della Divina Misericordia è preceduta da una novena, che consiste nel recitare (cominciando dal Venerdì Santo) la Coroncina alla Divina Misericordia. Nel « Diario » di Suor Faustina è riportata anche una Novena (D. 1210-1230), che il Signore ha dettato alla mistica solo per il suo uso privato facendo una promessa riguardante soltanto la sua persona. I fedeli possono però fare anche questa novena in preparazione alla Festa.

Novena alla Divina Misericordia

«*Desidero* — ha detto Gesù Cristo a Santa Faustina — *che durante questi nove giorni tu conduca le anime alla fonte della Mia misericordia, affinché attingano forza, refrigerio ed ogni grazia, di cui hanno bisogno per le difficoltà della vita e specialmente nell'ora della morte. Ogni giorno condurrai al Mio cuore un diverso gruppo di anime e le immergerai nel mare della Mia misericordia. E io tutte queste anime le introdurrò nella casa del Padre mio. Lo farai in questa vita e nella vita futura. E non rifiuterò nulla a nessun'anima che condurrai alla fonte della Mia misericordia. Ogni giorno chiederai al Padre mio le grazie per queste anime per la mia dolorosa Passione*».

PRIMO GIORNO

«Oggi conduciMi tutta l'umanità e specialmente tutti i peccatori e immergili

nel mare della Mia misericordia. E con questo Mi consolerai dell'amara tristezza in cui mi getta la perdita delle anime».

Gesù misericordiosissimo, la cui prerogativa è quella d'avere compassione di noi e di perdonarci, non guardare i nostri peccati, ma la fiducia che abbiamo nella Tua infinita bontà e accoglici nella dimora del Tuo pietosissimo Cuore e non lasciarci uscire di lì per l'eternità. Ti supplichiamo per l'amore che Ti unisce al Padre ed allo Spirito Santo.

O Onnipotenza
della Divina Misericordia,
Rifugio per l'uomo peccatore,
Tu che sei la misericordia
e un mare di compassione,
Aiuta chi T'invoca in umiltà.

Eterno Padre, guarda con occhio di misericordia specialmente i poveri peccatori e tutta l'umanità, che è racchiusa nel pietosissimo Cuore di Gesù e per la Sua dolorosa Passione mostraci la Tua misericordia, affinché per tutti i secoli possiamo esaltare l'onnipotenza della Tua misericordia. Amen.

Segue la recita della Coroncina alla Divina Misericordia

SECONDO GIORNO

«Oggi conduciMi le anime dei sacerdoti e le anime dei religiosi e immergile nella Mia insondabile misericordia. Essi Mi hanno dato la forza di superare l'amara Passione. Per mezzo loro come per mezzo di canali, la Mia misericordia scende sull'umanità».

Misericordiosissimo Gesù, da cui proviene ogni bene, aumenta in noi la grazia, affinché compiamo degne opere di misericordia, in modo che quanti ci osservano lodino il Padre della Misericordia che è nei cieli.

La fonte dell'amore di Dio,
Alberga nei cuori limpidi,
Purificati nel mare
della Misericordia,
Luminosi come le stelle,
chiari come l'aurora.

Eterno Padre, guarda con gli occhi della Tua misericordia la schiera eletta per la Tua vigna, le anime dei sacerdoti e le anime dei religiosi, e dona loro la potenza della Tua benedizione, e per i sentimenti del Cuore del Figlio Tuo, il Cuore in cui essi sono racchiusi, concedi loro la potenza della Tua luce, affinché possano guidare gli altri sulla via della salvezza, in modo da poter cantare assieme per tutta l'eternità le lodi della Tua misericordia infinita. Amen.

Segue la recita della Coroncina alla Divina Misericordia

TERZO GIORNO

«**Oggi conduciMi tutte le anime devote e fedeli ed immergile nel mare della Mia misericordia. Queste anime Mi hanno confortato lungo la strada del Calvario, sono state una goccia di conforto in un mare di amarezza**».

O Gesù misericordiosissimo, che elargisci a tutti in grande abbondanza le Tue grazie dal tesoro della Tua misericordia, accoglici nella dimora del Tuo pietosissimo Cuore e non farci uscire da esso per tutta l'eternità. Te ne supplichiamo per l'ineffabile amore, di cui il Tuo Cuore arde per il Padre Celeste.

Sono imperscrutabili
le meraviglie della Misericordia.
Non riesce a scandagliarle
né il peccatore, né il giusto.
A tutti rivolgi
sguardi di compassione,
e attiri tutti al Tuo amore.

Eterno Padre, guarda con occhi di misericordia alle anime fedeli, come l'eredità del Figlio Tuo e per la Sua Passione dolorosa concedi loro la Tua benedizione e accompagnale con la Tua protezione incessante, affinché non perdano l'amore ed il tesoro della santa fede, ma con tutta la schiera degli angeli e dei santi glorifichino la Tua illimitata misericordia nei secoli dei secoli. Amen.

Segue la recita della Coroncina alla Divina Misericordia

QUARTO GIORNO

«Oggi conduciMi i pagani e coloro che non Mi conoscono ancora. Anche a loro ho pensato nella Mia amara Passione e il loro futuro zelo ha consolato il Mio cuore. Immergili nel mare della Mia misericordia».

O misericordiosissimo Gesù, che sei la luce del mondo intero, accogli nella dimora del Tuo pietosissimo Cuore le anime dei pagani che non Ti conoscono ancora. I raggi della Tua grazia li illuminino, affinché anche loro assieme a noi glorifichino i prodigi della Tua misericordia e non lasciarli uscire dalla dimora del Tuo pietosissimo Cuore.

La luce del Tuo amore,
Illumini le tenebre delle anime;
Fa' che queste anime Ti conoscano
E glorifichino
con noi la Tua misericordia.

Eterno Padre, guarda con occhi di misericordia alle anime dei pagani e di coloro che non Ti conoscono ancora, e che sono racchiuse nel pietosissimo Cuore di Gesù. Attirale alla luce del Vangelo. Queste anime non sanno quale grande felicità è quella di amarTi. Fa' che anche loro glorifichino la generosità della Tua misericordia per i secoli dei secoli. Amen.

Segue la recita della Coroncina alla Divina Misericordia

QUINTO GIORNO

«Oggi conduciMi le anime degli eretici e degli scismatici ed immergile nel mare della Mia misericordia. Nella Mia amara Passione Mi hanno lacerato le carni ed il cuore, cioè la Mia Chiesa. Quando ritorneranno all'unità della Chiesa, si rimargineranno le Mie ferite ed in questo modo allevieranno la Mia Passione».

Misericordiosissimo Gesù, che sei la bontà stessa, Tu non rifiuti la luce a coloro che Te la chiedono; accogli nella dimora del Tuo pietosissimo Cuore le anime degli eretici e le anime degli scismatici; attirali con la Tua luce all'unità della Chiesa e non lasciarli partire dalla dimora del Tuo pietosissimo Cuore, ma fa' che anch'essi glorifichino la generosità della Tua misericordia.

Anche per coloro che stracciano
la veste della Tua unità,
Sgorga dal Tuo Cuore
una fonte di pietà.
L'Onnipotenza
della Tua misericordia, o Dio,
Può ritrarre dall'errore
anche queste anime.

Eterno Padre, guarda con gli occhi della Tua misericordia alle anime degli eretici e degli scismatici, che hanno dissipato i Tuoi beni ed hanno abusato delle Tue grazie, perdurando ostinatamente nei loro errori. Non badare ai loro errori, ma all'amore del Figlio Tuo ed alla Sua amara Passione, che ha preso su di Sé per loro, poiché anche loro sono racchiusi nel pietosissimo Cuore di Gesù. Fa' che anche essi lodino la Tua grande misericordia per i secoli dei secoli. Amen.

Segue la recita della Coroncina alla Divina Misericordia

SESTO GIORNO

« Oggi conduciMi le anime miti e umili e le anime dei bambini e immergile nella Mia misericordia. Queste anime sono le più simili al Mio cuore. Esse Mi hanno sostenuto nell'amaro travaglio dell'agonia. Li ho visti come gli angeli della terra che avrebbero vigilato presso i Miei altari. Su di loro riverso le Mie grazie a pieni torrenti. Solo un'anima umile è capace di accogliere la Mia grazia; alle anime umili concedo la Mia piena fiducia ».

Misericordiosissimo Gesù, che hai detto: « Imparate da Me che sono mite ed umile di cuore », accogli nella dimora del Tuo pietosissimo Cuore le anime miti e umili e le anime dei bambini. Queste anime attirano l'ammirazione di tutto il Paradiso e formano lo speciale compiacimento del Padre Celeste; sono un mazzo di fiori davanti al trono di Dio, del cui profumo si delizia Dio stesso. Queste anime hanno stabile dimora nel Tuo pietosissimo Cuore e cantano incessantemente l'inno dell'amore e della misericordia per l'eternità.

In verità l'anima umile e mite
Già qui sulla terra respira il paradiso,
E del profumo del suo umile cuore
Si delizia il Creatore stesso.

Eterno Padre, guarda con occhi di misericordia alle anime miti e umili ed alle anime dei bambini, che sono racchiuse nella dimora del pietosissimo Cuore di Gesù. Queste anime sono le più simili al Figlio Tuo; il loro profumo s'innalza dalla terra e raggiunge il Tuo trono. Padre di misericordia e di ogni bontà, Ti supplico per l'amore ed il compiacimento che hai per queste anime, benedici il mondo intero, in modo che tutte le anime cantino assieme le lodi della Tua misericordia per tutta l'eternità. Amen.

Segue la recita della Coroncina alla Divina Misericordia

SETTIMO GIORNO

«Oggi conduciMi le anime che venerano in modo particolare ed esaltano la Mia misericordia ed immergile nella Mia misericordia. Queste anime hanno sofferto maggiormente per la Mia Passione e sono penetrate più profondamente nel Mio spirito. Esse sono un riflesso vivente del Mio cuore pietoso. Queste anime risplenderanno con una particolare luminosità nella vita futura. Nessuna finirà nel fuoco dell'inferno, difenderò in modo particolare ciascuna di loro nell'ora della morte».

Misericordiosissimo Gesù, il cui Cuore è l'amore stesso, accogli nella dimora del Tuo pietosissimo Cuore le anime che in modo particolare venerano ed esaltano la grandezza della Tua misericordia. Queste anime sono forti della potenza di Dio stesso, in mezzo ad ogni genere di tribolazioni e contrarietà avanzano fiduciose nella Tua misericordia. Queste anime sono unite a Te e reggono sulle loro spalle l'umanità intera. Esse non saranno giudicate severamente, ma la Tua misericordia le avvolgerà nell'ora della morte.

L'anima che esalta
la bontà del Suo Signore,
Viene da Lui particolarmente amata,
È sempre accanto alla sorgente viva,
E attinge la grazia
dalla Divina Misericordia.

Eterno Padre, guarda con occhi di misericordia alle anime che esaltano e venerano il Tuo più grande attributo, cioè la Tua insondabile misericordia e che sono racchiuse nel misericordiosissimo Cuore di Gesù. Queste anime sono un Vangelo vivente, le loro mani sono colme di opere di misericordia e la loro anima è piena di gioia e canta all'Altissimo l'inno della misericordia. Ti supplico, o Dio, mostra loro la Tua misericordia secondo la speranza e la fiducia che hanno posto in Te; si adempia in essi la promessa di Gesù che ha detto loro: «*Le anime che onoreranno la Mia insondabile misericordia, io stesso le difenderò come Mia gloria durante la vita, ma specialmente nell'ora della morte*».

Segue la recita della Coroncina alla Divina Misericordia

OTTAVO GIORNO

«Oggi conduciMi le anime che sono nel carcere del purgatorio ed immergile nell'abisso della Mia misericordia. I torrenti del Mio Sangue attenuino la loro arsura. Tutte queste anime sono molto amate da Me; ora stanno dando soddisfazione alla Mia giustizia; è in tuo potere recar loro sollievo. Prendi dal tesoro della Mia Chiesa tutte le indulgenze ed offrile per loro... Oh, se conoscessi i loro tormenti, offriresti continuamente per

loro l'elemosina dello spirito e pagheresti i debiti che essi hanno nei confronti della Mia giustizia! ».

Misericordiosissimo Gesù, che hai detto che vuoi misericordia, ecco, io conduco alla dimora del Tuo pietosissimo Cuore le anime del purgatorio, anime che a Te sono molto care e le quali tuttavia debbono soddisfare la Tua giustizia. I torrenti del Sangue e dell'Acqua che sono scaturiti dal Tuo Cuore spengano il fuoco del purgatorio, in modo che anche là venga glorificata la potenza della Tua misericordia.

Dall'arsura tremenda
del fuoco del purgatorio,
S'innalza un lamento
alla Tua misericordia
E ricevono conforto,
sollievo e refrigerio
Nel torrente formato
dal Sangue e dall'Acqua.

Eterno Padre, guarda con occhi di misericordia alle anime che soffrono nel purgatorio, e che sono racchiuse nel pietosissimo Cuore di Gesù. Ti supplico per la dolorosa Passione del Figlio Tuo Gesù e per tutta l'amarezza da cui fu inondata la Sua santissima anima, mostra la Tua misericordia alle anime che sono sotto lo sguardo della Tua giustizia, non guardare a loro se non attraverso le Piaghe del Tuo amatissimo Figlio Gesù, poiché noi crediamo che la Tua bontà e la Tua misericordia sono senza limiti.

Segue la recita della Coroncina alla Divina Misericordia

NONO GIORNO

«Oggi conduciMi le anime tiepide ed immergile nell'abisso della Mia misericordia. Queste anime feriscono il Mio cuore nel modo più doloroso. La Mia anima nell'Orto degli Ulivi ha provato la più grande ripugnanza per un'anima tiepida. Sono state loro la causa per cui ho detto: Padre, allontana da me questo calice, se questa è la Tua volontà. Per

loro, ricorrere alla Mia misericordia costituisce l'ultima tavola di salvezza».

Misericordiosissimo Gesù, che sei la pietà stessa, introduco nella dimora del Tuo Cuore pietosissimo le anime tiepide. Possano riscaldarsi nel Tuo puro amore queste anime di ghiaccio, che assomigliano a cadaveri e suscitano in te tanta ripugnanza. O Gesù pietosissimo, usa l'onnipotenza della Tua misericordia ed attirale nell'ardore stesso del Tuo amore e concedi loro l'amore santo, dato che puoi tutto.

Il fuoco e il ghiaccio
non possono stare uniti,
Poiché, o si spegne il fuoco
o si scioglie il ghiaccio,
Ma la Tua misericordia, o Dio,
Può soccorrere miserie
anche maggiori.

Eterno Padre, guarda con occhi di misericordia alle anime tiepide, che sono racchiuse nel pietosissimo Cuore di Gesù. Padre della misericordia, Ti supplico per l'amarezza della Passione del Tuo Figlio e per la Sua agonia di tre ore sulla croce, permetti che anche loro lodino l'abisso della Tua misericordia (D. 1209-1230).

Segue la recita della Coroncina alla Divina Misericordia

La celebrazione della Festa della Divina Misericordia

Gesù Cristo desidera che nel giorno della Festa della Divina Misericordia sia benedetta e venerata pubblicamente l'immagine di Gesù Misericordioso e i sacerdoti parlino della grande e insondabile Misericordia di Dio.

I fedeli, per poter ottenere i grandi doni che Gesù desidera offrire ad ogni persona e a tutta l'umanità, debbono essere in stato di grazia (previa confessione fatta nei giorni che precedono la festa), debbono adempiere alle condizioni richieste dal culto della Divina Misericordia (fiducia in Dio e atti di carità verso il prossimo) e debbono accostarsi in quel giorno alla santa Comunione.

Il sacramento della riconciliazione

« *Quando ti accosti alla santa confessione,* — diceva Gesù a Santa Faustina — *a questa sorgente della Mia misericordia, scendono sempre sulla tua anima il Mio Sangue ed Acqua, che uscirono dal Mio Cuore e nobilitano la tua anima. Ogni volta che vai alla santa confessione immergiti tutta nella Mia misericordia con grande fiducia, in modo che io possa versare sulla tua anima l'abbondanza delle Mie grazie. Quando vai alla confessione, sappi che Io stesso ti aspetto in confessionale, Mi copro soltanto dietro il sacerdote, ma sono Io che opero nell'anima. Lì la miseria dell'anima s'incontra col Dio della misericordia. Dì alle anime che da questa sorgente della misericordia possono attingere le grazie unicamente col recipiente della fiducia. Se la loro fiducia sarà grande, la Mia generosità non avrà limiti. I rivoli della Mia grazia inondano le anime umili. I superbi sono sempre nell'indigenza e nella miseria, poiché la Mia grazia si allonta-*

na da loro e va verso le anime umili (D. 1602).

Dì alle anime dove debbono cercare le consolazioni cioè nel tribunale della misericordia, lì avvengono i più grandi miracoli che si ripetono continuamente. Per ottenere questo miracolo non occorre fare pellegrinaggi in terre lontane né celebrare solenni riti esteriori, ma basta mettersi con fede ai piedi di un Mio rappresentante e confessargli la propria miseria ed il miracolo della Divina Misericordia si manifesterà in tutta la sua pienezza. Anche se un'anima fosse in decomposizione come un cadavere ed umanamente non ci fosse alcuna possibilità di risurrezione e tutto fosse perduto, non sarebbe così per Dio: un miracolo della Divina Misericordia risusciterà quest'anima in tutta la sua pienezza. Infelici coloro che non approfittano di questo miracolo della Divina Misericordia! Lo invocherete invano, quando sarà troppo tardi!» (D. 1448).

La Santa Comunione

Le grazie promesse da Gesù Cristo per la Festa della Divina Misericordia possono essere ottenute partecipando alla Santa Messa e ricevendo la Santa Comunione, alla quale è legata la promessa della remissione di tutti i peccati.

« *Desidero unirmi con le anime umane* — confidava Gesù a Santa Faustina — *la Mia delizia è unirmi con le anime...*

Quando nella santa Comunione vengo in un cuore umano, ho le mani piene di grazie di ogni genere e desidero donarle all'anima, ma le anime non Mi prestano nemmeno attenzione, Mi lasciano solo e si occupano d'altro. Oh, quanto è triste per Me che le anime non conoscano l'Amore! (D. 1385).

Quanto Mi addolora che le anime si uniscano così poco a Me nella santa Comunione! Attendo le anime ed esse sono indifferenti per Me. Le amo con tanta tenerezza e sincerità ed esse non si fidano di Me. Voglio colmarle di grazie, ma esse non vogliono riceverle. Trattano con Me come con una cosa inerte eppure ho un cuore pieno d'amore e di misericordia » (D. 1447).

La Santa Comunione nella vita di Santa Faustina

« Il momento più solenne della mia vita è quello in cui ricevo la santa Comunione. Per ogni santa Comunione sento un grande desiderio e per ogni santa Comunione ringrazio la Santissima Trinità » (D. 1804).

« Oggi mi preparo alla venuta del Re.

Chi sono io e chi sei Tu, o Signore, Re della gloria e della gloria immortale? O mio cuore, lo sai chi è colui che oggi viene da te? Sì, lo so, ma stranamente non riesco a comprenderlo. Oh, se si trattasse solo di un re!... Ma è il Re dei re, il Signore dei signori. Davanti a Lui trema ogni potenza ed ogni autorità. Ed è Lui che oggi viene nel mio cuore! Sento che si avvicina, esco ad incontrarLo e L'invito. Appena è entrato nella dimora del mio cuore, la mia anima è stata presa da un così profondo sentimento di ossequio che per il timore è svenuta cadendo ai Suoi piedi. Gesù le porge la mano e la fa benignamente sedere accanto a Sé. La tranquillizza: *Vedi, ho lasciato il trono del cielo per unirMi a te. Quello che vedi ora è appena un lembo e la tua anima già sviene per amore, allora come si sbalordirà il tuo cuore quando Mi vedrai in tutta la Mia gloria? Ma voglio dirti che la vita eterna deve cominciare già su questa terra per mezzo della santa Comunione. Ogni santa Comunione ti rende più idonea a trattare familiarmente con Dio per tutta l'eternità*» (D. 1810).

3. *La Coroncina alla Divina Misericordia*

La Coroncina alla Divina Misericordia è stata dettata da Gesù a Santa Faustina a Vilnius nell'anno 1935. Nelle rivelazioni successive Gesù ha spiegato il valore e l'efficacia di questa preghiera assieme alle promesse ad essa legate. In questa preghiera offriamo a Dio Padre « il Corpo e il Sangue, l'Anima e la Divinità » di Gesù Cristo e ci uniamo al Suo sacrificio sulla croce per la salvezza del mondo intero. Offrendo a Dio Padre il Suo Figlio Prediletto usiamo il più potente argomento per poter essere esauditi. Imploriamo la misericordia per noi e per il mondo intero. L'espressione « noi » intende colui che recita la Coroncina e tutti quelli per i quali vuole pregare. L'espressione « mondo intero » intende tutti gli uomini viventi sulla terra ed anche le anime del purgatorio. Pregando con le parole della Coroncina compiamo un atto d'amore fraterno che, accanto alla fiducia, costituisce condizione indispensabile per ottenere le grazie.

Gesù Cristo dopo aver raccomandato a Santa Faustina: *Figlia mia, esorta le anime a recitare la coroncina che ti ho dato* — ha promesso che — *per la recita di questa coroncina Mi piace concedere tutto ciò che Mi chiederanno* (D. 1541); aggiunge però la condizione: se questo sarà conforme alla Sua volontà (cf. 1731). Le promesse concrete si riferiscono all'ora della morte e cioè alla grazia di poter morire serenamente e in pace. La possono implorare non solo le persone che hanno recitato con fiducia e perseveranza la Coroncina, ma anche i moribondi accanto ai quali essa verrà recitata. Gesù Cristo ha raccomandato ai sacerdoti di consigliare la Coroncina *ai peccatori come ultima tavola di salvezza;* promettendo che *anche se si trattasse del peccatore più incallito se recita questa coroncina una volta sola, otterrà la grazia dalla Mia infinita misericordia* (D. 687). Sarebbe auspicabile, e questo si presume, che questa preghiera sia recitata con atteggiamento di fede, di fiducia, di umiltà e soprattutto con profondo e sincero pentimento dei peccati.

La Coroncina alla Divina Misericordia

(Si recita usando la corona del Rosario)

All'inizio:

Padre Nostro, che sei nei cieli, sia santificato il Tuo nome, venga il Tuo regno, sia fatta la Tua volontà, come in cielo così in terra. Dacci oggi il nostro pane quotidiano, e rimetti a noi i nostri debiti come noi li rimettiamo ai nostri debitori, e non ci indurre in tentazione, ma liberaci dal male. Amen.

Ave, o Maria, piena di grazia, il Signore è con Te. Tu sei benedetta fra le donne, e benedetto è il frutto del Tuo seno, Gesù. Santa Maria, Madre di Dio, prega per noi peccatori, adesso e nell'ora della nostra morte. Amen.

Credo in Dio Padre onnipotente, creatore del cielo e della terra, e in Gesù Cristo, suo unico Figlio, nostro Signore, il quale fu concepito di Spirito Santo, nacque da Maria Vergine, patì sotto Ponzio Pilato, fu crocifisso, morì e fu sepolto; discese agli inferi; il terzo giorno risuscitò da morte; salì al cielo, siede alla destra di Dio Padre onnipotente; di là verrà a giudicare i vivi e i morti. Credo nello Spirito Santo, la Santa Chiesa cattolica, la comunione dei santi, la remissione dei peccati, la risurrezione della carne, la vita eterna. Amen.

Sui grani del Padre nostro si recitano le parole seguenti:

Eterno Padre, Ti offro il Corpo e il Sangue, l'Anima e la Divinità del Tuo dilettissimo Figlio e Signore nostro Gesù Cristo in espiazione dei nostri peccati e di quelli del mondo intero.

Sui grani dell'Ave Maria si recitano le parole seguenti:

Per la Sua dolorosa Passione, abbi misericordia di noi e del mondo intero.

Per finire si ripete per tre volte:

Santo Dio, Santo Forte, Santo Immortale, abbi pietà di noi e del mondo intero.

4. *L'Ora della Misericordia*

« *Ogni volta che senti l'orologio battere le tre, ricordati di immergerti tutta nella Mia misericordia, adorandola ed esaltandola; invoca la sua onnipotenza per il mondo intero e specialmente per i poveri peccatori, poiché fu in quell'ora che venne spalancata per ogni anima* (D. 1572). *È un'ora di grande misericordia per il mondo intero* » (D. 1320).

Cristo desidera che ogni giorno si onori il momento della Sua agonia sulla Croce (alle tre del pomeriggio), in cui come Egli stesso ha detto — « *fu fatta grazia al mondo intero, la misericordia vinse la giustizia* » (D. 1572). Desidera perciò che in quel momento si mediti la sua dolorosa Passione perché proprio in essa è apparso in modo più chiaro l'amore di Dio per gli uomini; desidera che si adori e si esalti la misericordia di Dio e che per i meriti della Passione di Gesù Cristo vengano implorate grazie per se stessi, per il mondo intero e soprattutto per i peccatori. « *In quell'ora cerca di fare la Via Crucis, se i tuoi impegni lo permettono* — raccomandava Gesù a Santa Faustina — *e se non puoi fare la Via Crucis, entra almeno per un momento in cappella ed onora il mio cuore che nel SS.mo Sacramento è pieno di misericordia. E se non puoi andare in cappella, raccogliti in preghiera almeno per un breve momento là dove ti trovi* » (D. 1572).

« *In quell'ora* — proseguiva il Salvatore — *otterrai tutto per te stessa e per gli altri* (D. 1572). *In quell'ora non rifiuterò nulla all'anima che mi prega per la Mia Passione* » (D. 1320).

La preghiera nell'Ora della Misericordia è strettamente legata alle tre del pomeriggio e deve essere rivolta a Gesù.

Invocazione nell'Ora della Misericordia

« O Sangue e Acqua, che scaturisti dal Cuore di Gesù come sorgente di misericordia per noi, confido in Te » (D. 187).

Brani dal *Diario* per la meditazione

«O Gesù, hai affrontato per noi una Passione tanto tremenda, unicamente per amore. La giustizia del Padre Tuo sarebbe stata appagata da un Tuo unico sospiro e tutto il Tuo annientamento è opera esclusivamente della Tua misericordia e di un inconcepibile amore. Tu, o Signore, mentre partivi da questa terra, hai voluto restare con noi ed hai lasciato Te stesso nel sacramento dell'altare e ci hai spalancato la Tua misericordia. Non c'è miseria che Ti possa esaurire. Hai chiamato tutti a questa sorgente d'amore, a questa fonte della divina pietà. È lì la sede della Tua misericordia, lì la medicina per le nostre infermità. Verso Te, viva sorgente di misericordia, tendono tutte le anime: alcune come cervi assetati del Tuo amore, altre per lavare le ferite dei loro peccati, altre ancora per attingere forza per affrontare i disagi della vita. Quando spirasti sulla croce nello stesso istante ci hai donato la vita eterna. Permettendo che squarciassero il Tuo sacratissimo fianco, ci hai aperto la sorgente inesauribile della Tua misericordia, ci hai dato quello che avevi di più prezioso, cioè il Sangue e l'Acqua del Tuo Cuore. Ecco l'onnipotenza della Tua misericordia, dalla quale giunge a noi ogni grazia» (D. 1747).

* * *

«O Gesù, Verità Eterna, nostra Vita, invoco e mendico la Tua misericordia per i poveri peccatori. O Cuore dolcissimo del mio Signore, pieno di compassione e di insondabile misericordia, T'imploro per i poveri peccatori. O Cuore Santissimo, Sorgente di misericordia, dal quale scaturiscono raggi di grazie inconcepibili per tutto il genere umano, da Te imploro la luce per i poveri peccatori. O Gesù, ricorda la Tua dolorosa Passione e non permettere che periscano anime redente col Tuo preziosissimo e santissimo Sangue. O Gesù, quando considero il grande prezzo del Tuo Sangue, gioisco per il suo grande valore, dato che una sola goccia sarebbe bastata per tutti i peccatori. Benché il peccato sia un abisso di cattiveria e d'ingratitudine, tuttavia il prezzo pagato per noi è assolutamente incomparabile. Pertanto ogni anima abbia fiducia nella Passione del Signore, speri nella misericordia. Iddio non nega a nessuno la Sua misericordia. Il cielo e la terra possono cambiare, ma la misericordia di Dio non si esaurisce. Oh! quale gioia arde nel mio cuore, quando considero questa Tua incomprensibile bontà, o Gesù mio. Voglio condurre ai Tuoi piedi tutti i peccatori, affinché lodino la Tua misericordia per i secoli infiniti» (D. 72).

* * *

«O Gesù, disteso sulla croce, Ti supplico, concedimi la grazia di adempiere fedelmente la santissima volontà del Padre Tuo, sempre, ovunque ed in tutto. E quando la volontà di Dio mi sembrerà pesante e difficile da compiere, Te ne supplico, Gesù, scenda allora su di me dalle Tue Piaghe la forza ed il vigore e le mie labbra ripetano: «Signore, sia fatta la Tua volontà».

O Salvatore del mondo, amante dell'umana salvezza, Tu che fra i tremendi dolori del Tuo supplizio Ti sei dimenticato di Te stesso ed hai pensato alla salvezza delle anime, o Gesù pietosissimo, concedimi la grazia di dimenticare me stessa, in modo che viva totalmente per le anime, collaborando con Te all'opera della salvezza, secondo la santissima volontà del Padre Tuo» (D. 1265).

La Via Crucis

Nell'Ora della Misericordia si cerchi di praticare la Via Crucis.
Proponiamo qui una Via Crucis basata sui testi del Diario *di Santa Faustina.*

Preghiera introduttiva

O Signore misericordioso, mio Maestro, voglio fedelmente seguirTi, voglio imitarTi nella mia vita in modo sempre più perfetto. Per questo Ti chiedo di concedermi attraverso la meditazione della Tua passione la grazia di comprendere meglio i misteri della vita spirituale.

Maria, Madre di Misericordia, sempre fedele a Cristo, conducimi sulla via della passione dolorosa di tuo Figlio e intercedi per me le grazie necessarie perché questa Via Crucis sia fruttuosa. La offro nell'intenzione: (ad es. per i sacerdoti, per i religiosi e per tutti coloro che tendono alla perfezione).

on-
che
eranno
di pace la

gniera
ella Misericordia

e Acqua,
uristi dal Cuore di Gesù
sorgente di misericordia
noi,
onfido in Te.

Centro di Spiritualità della Divina Misericordia
00193 Roma - Via dei Penitenzieri, 12
Tel. 06/687.93.10

La coroncina
alla Divina Miserico

(si recita usando la corona d

All'inizio:

Padre Nostro che sei nei
santificato il tuo Nome, ver
Regno, sia fatta la tua Volor
in cielo così in terra. Dacci c
stro pane quotidiano, e rime
nostri debiti come noi li rime
nostri debitori, e non ci in
tentazione, ma liberaci da
Amen.

Ave, o Maria, piena di graz
gnore è con Te, Tu sei bene
le donne, e benedetto è il fr
Tuo seno, Gesù.
Santa Maria, Madre di Dio
per noi peccatori, adesso e
della nostra morte. Amen.

Credo in Dio, Padre onnip
Creatore del cielo e della ter
Gesù Cristo, suo unico Figlio, nostro
Signore, il quale fu concepito di Spirito Santo, nacque da Maria Vergine, patì sotto Ponzio Pilato, fu crocifisso,

... e si ripete per tre volte:

Santo Dio, Santo Forte, Santo Immortale, abbi pietà di noi e del mondo intero.

Promesse di Gesù

« La Mia Misericordia avvolgerà in vita e specialmente nell'ora della morte le anime che reciteranno questa coroncina » (Q. II, p. 282)

« Esorta le anime a recitare la coron
cina ... Per la recita di questa cor
cina Mi piace concedere tutto ci
mi chiederanno. Se la reci
peccatori incalliti, colmerò
loro anima » (Q. V, 508)

Pre
nell'Ora d

O Sangue
che sca
come
per

I stazione:
Gesù condannato dal Sinedrio

℟. Ti adoriamo Cristo, e ti benediciamo.

℣. Perché con la Tua Santa Croce
hai redento il mondo.

«I gran sacerdoti e l'intero Sinedrio cercavano una falsa testimonianza contro Gesù per condannarlo a morte e non ne trovarono, nonostante che si fossero presentati molti falsi testimoni» (*Mt* 26,59-60).

Gesù: *Non meravigliarti se qualche volta vieni sospettata ingiustamente. Io per primo, per amor tuo, ho bevuto quel calice di sofferenze ingiuste* (D. 289). *Quando ero davanti ad Erode ti ho ottenuto la grazia di saperti innalzare sopra il disprezzo umano e di seguire fedelmente le Mie orme* (D. 1164).

S.F.: *Siamo sensibili alle parole ed intendiamo rispondere subito con sensibilità, e non consideriamo se sia volontà di Dio che noi rispondiamo. L'anima silenziosa è forte; nessuna avversità le reca danno, se persevera nel silenzio. L'anima silenziosa è idonea alla più profonda unione con Dio* (D. 394).

Gesù misericordioso, aiutami a saper accettare ogni giudizio umano e non lasciare che mai Ti condanni a morte nella persona del mio prossimo.

II stazione: Gesù prende la croce sulle spalle

℟. Ti adoriamo Cristo, e ti benediciamo.
℣. Perché con la Tua Santa Croce
hai redento il mondo.

«Allora Pilato fece prendere Gesù e lo fece flagellare. E i soldati intrecciarono una corona di spine, gliela posero sul capo, lo rivestirono di un mantello purpureo e, avanzandosi verso di lui, dicevano: "Salve, re dei Giudei!" (...). Gesù uscì, portando la corona di spine e il mantello purpureo. E Pilato disse loro: "Ecco l'uomo!". Nel vederlo, i sommi sacerdoti e le guardie gridarono: "Crocifiggilo! Crocifiggilo!"» (*Gv* 19,1-9).

Gesù: *Non aver paura delle sofferenze. Io sono con te* (D. 151). *Quanto più ami la sofferenza, tanto più puro sarà il tuo amore verso di Me* (D. 279).

S.F.: *Gesù, Ti ringrazio per le piccole croci quotidiane, per le contrarietà che incontro nelle mie iniziative, per il peso della vita comunitaria, per l'interpretazione distorta delle mie intenzioni, per le umiliazioni che provengono dagli altri, per il comportamento aspro verso di noi, per sospetti ingiusti, per la salute cagionevole e per le forze che vengono meno, per il ripudio della mia volontà, per l'annientamento del proprio io, per il mancato riconoscimento in tutto, per gli impedimenti posti a tutti i progetti* (D. 343).

Gesù misericordioso, insegnami ad apprezzare la fatica della vita, la malattia, ogni sofferenza e a portare con amore la croce quotidiana.

III stazione:
Gesù cade per la prima volta

℟. Ti adoriamo Cristo, e ti benediciamo.
℣. Perché con la Tua Santa Croce
hai redento il mondo.

«Noi tutti eravamo sperduti come un gregge, ognuno di noi seguiva la sua strada; il Signore fece ricadere su di lui l'iniquità di noi tutti (...). Egli portava il peccato di molti, e intercedeva per i peccatori» (*Is* 53,6-12).

Gesù: *Le colpe involontarie delle anime non impediscono il Mio amore (...), né Mi sono d'ostacolo nell'unirMi ad esse, invece le colpe anche le più piccole, ma volontarie, ostacolano le Mie grazie e non possono colmare tali anime dei Miei doni* (D. 1641).

S.F.: *O mio Gesù, sono tanto propensa al male e questo mi costringe ad una vigilanza continua su di me, ma nulla mi scoraggia, ho fiducia nella grazia di Dio, che abbonda dove è la più grande miseria* (D. 606).

Signore misericordioso, proteggimi da ogni, anche dalla più piccola, ma volontaria e consapevole infedeltà.

IV stazione:
Gesù incontra sua Madre

℟. Ti adoriamo Cristo, e ti benediciamo.
℣. Perché con la Tua Santa Croce
hai redento il mondo.

«Ecco, questi è posto per la caduta e la risurrezione di molti in Israele e per segno di contraddizione, e a te stessa una spada trapasserà l'anima» (*Lc* 2,34-35).

Gesù: *Sebbene tutte le opere che sorgono per Mia volontà siano esposte a grandi sofferenze, tuttavia considera se ce n'è stata mai qualcuna di esse esposta a maggiori ostacoli dell'opera direttamente Mia, l'opera della redenzione. Non devi preoccuparti troppo delle contrarietà* (D. 1643).

S.F.: *Vidi la Santissima Vergine indicibilmente bella, che (...) si avvicinò a me (...) mi strinse a Sé e mi disse queste parole: «(...) Sii coraggiosa; non temere gli ostacoli ingannevoli, ma considera attentamente la Passione di Mio Figlio ed in questo modo vincerai»* (D. 449).

Maria, Madre di Misericordia, stai accanto a me sempre, soprattutto nella sofferenza, così come stavi sulla Via Crucis di tuo Figlio.

V stazione: Simone di Cirene aiuta Gesù a portare la croce

℟. Ti adoriamo Cristo, e ti benediciamo.
℣. Perché con la Tua Santa Croce
hai redento il mondo.

«Mentre lo conducevano via presero un certo Simone di Cirene, che veniva dalla campagna, e lo caricarono della croce affinché la portasse dietro a Gesù» (*Lc* 23,26).

Gesù: *Permetto (...) le contrarietà, per aumentare i suoi meriti. Do la ricompensa non per il risultato positivo, ma per la pazienza e la fatica sopportata per Me* (D. 86).

S.F.: *O mio Gesù, Tu non dai la ricompensa per il successo dell'opera, ma per la volontà sincera e per la fatica sostenuta; per questo sono pienamente tranquilla, anche se tutte le mie iniziative ed i miei sforzi venissero annullati o non fossero mai realizzati. Se avrò fatto tutto ciò che è in mio potere, il resto non è affar mio* (D. 952).

Gesù, mio Signore, che ogni pensiero, parola, azione siano fatte esclusivamente per amore Tuo. Purifica le mie intenzioni.

VI stazione:
Veronica asciuga il volto di Gesù

℟. Ti adoriamo Cristo, e ti benediciamo.

℣. Perché con la Tua Santa Croce
hai redento il mondo.

«Non ha apparenza né bellezza così da attirare i nostri sguardi, non splendore perché ce ne possiamo compiacere. Disprezzato e reietto dagli uomini, uomo dei dolori, che ben conosce il patire, co-

me uno davanti al quale ci si copre la faccia, era disprezzato, e non ne avevamo alcuna stima» (*Is* 53,2-3).

Gesù: *Sappi che tutto ciò che fai di buono per qualsiasi anima lo accetto come se lo avessi fatto a Me stesso* (D. 1768).

S.F.: *Un grande amore trasforma le piccole cose in cose grandi e solo l'amore dà valore alle nostre azioni* (D. 302).

O Gesù, mio Maestro, fa' che i miei occhi, le mie mani, la mia bocca e il mio cuore... siano misericordiosi. Trasformami in misericordia.

VII stazione: Gesù cade per la seconda volta

℟. Ti adoriamo Cristo, e ti benediciamo.
℣. Perché con la Tua Santa Croce
hai redento il mondo.

«Egli si è addossato i nostri dolori e noi lo abbiamo ritenuto castigato, percosso da Dio e umiliato» (*Is* 53,4).

Gesù: *La causa delle tue cadute dipende dal fatto che conti troppo su te stessa e ti appoggi troppo poco su di Me* (D. 1488). *Sappi che da sola non puoi fare nulla* (D. 639). *Senza un Mio aiuto particolare, non sei nemmeno capace di ricevere le Mie grazie* (D. 738).

S.F.: *Gesù, non lasciarmi sola nella sofferenza; Tu, Signore, sai quanto sono debole, sono un abisso di miseria, sono il nulla stesso. Perciò che c'è di strano se mi lasci sola e cado?* (D. 1489). *Per questo, o Gesù, devi stare continuamente con me come una madre presso un bambino debole e anche di più* (D. 264).

Che la Tua grazia mi fortifichi, o Signore, affinché io non cada sempre negli stessi errori; e quando cadrò, aiutami a rialzarmi e a cantare la Tua misericordia.

VIII stazione:
Gesù incontra le donne di Gerusalemme

℟. Ti adoriamo Cristo, e ti benediciamo.

℣. Perché con la Tua Santa Croce
hai redento il mondo.

«Lo seguiva una gran folla di popolo e di donne, che facevano cordoglio e lamento su di lui. Ma, volgendosi ad esse, Gesù disse: "Figlie di Gerusalemme, non piangete su di me; ma su voi stesse piangete"» (*Lc* 23,27-28).

Gesù: *Oh, quanto Mi è gradita la fede viva!* (D. 1421). *Desidero che nel momento presente ci sia in voi più fede* (D. 352).

S.F.: *Prego ardentemente il Signore che si degni di fortificare la mia fede, affinché nella grigia vita quotidiana non mi regoli secondo considerazioni umane, ma secondo lo spirito. Oh! come tutto attira l'uomo verso la terra, ma una fede viva mantiene l'anima in una sfera più alta ed assegna all'amor proprio il posto che gli spetta, cioè l'ultimo* (D. 210).

Signore misericordioso, Ti ringrazio per il santo Battesimo e la grazia della fede. Di nuovo grido: Signore, credo in Te, rafforza la mia fede!

IX stazione: Gesù cade sotto la croce per la terza volta

℟. Ti adoriamo Cristo, e ti benediciamo.
℣. Perché con la Tua Santa Croce
hai redento il mondo.

«Maltrattato, si è umiliato, non ha aperto la bocca come agnello condotto al macello, come pecora muta di fronte ai suoi tosatori, non ha aperto la bocca (...). Ma al Signore è piaciuto prostrarlo con dolori» (*Is* 53,7.10).

Gesù: *Sappi che l'ostacolo più grande alla santità è lo scoraggiamento e l'inquietudine ingiustificata, che ti toglie la possibilità di esercitarti nelle virtù (...). Io sono sempre disposto a perdonarti. Ogni volta che Me lo chiedi, esalti la Mia misericordia* (D. 1488).

S.F.: *O mio Gesù, nonostante le Tue grazie, sento e vedo tutta la mia miseria. Comincio la giornata lottando e la termino lottando, appena rimuovo una difficoltà, al suo posto ne sorgono dieci da supe-*

rare, ma non mi affliggo per questo, poiché so bene che questo è il tempo della lotta non della pace (D. 606).

Signore misericordioso, Ti offro ciò che è soltanto mio, cioè il peccato e la debolezza umana. Ti supplico, che la mia miseria scompaia nella Tua insondabile misericordia.

X stazione:
Gesù spogliato delle vesti

℟. Ti adoriamo Cristo, e ti benediciamo.
℣. Perché con la Tua Santa Croce
hai redento il mondo.

« I soldati (...) presero le sue vesti e ne fecero quattro parti: a ciascun soldato una parte. Ora la tunica era tutta d'un pezzo, tessuta da cima a fondo; perciò dissero tra loro: "Non la stracciamo, ma tiriamo a sorte a chi tocca". Così si adempiva la Scrittura » (*Gv* 19,23-24).

S.F.: *Gesù si è presentato improvvisamente davanti a me privo di vesti, coperto di piaghe su tutto il corpo, con gli occhi inondati di sangue e di lacrime, col volto deturpato, coperto di sputi. D'un tratto il Signore mi ha detto:*

Gesù: *La sposa deve essere simile al suo Sposo.*

S.F.: *Compresi queste parole fino in fondo. Qui non c'è possibilità di alcun dubbio. La mia somiglianza con Gesù deve avvenire attraverso la sofferenza e l'umiltà* (D. 268).

Gesù silenzioso e dal Cuore umile, forma il mio cuore secondo il Tuo.

XI stazione:
Gesù è crocifisso

℟. Ti adoriamo Cristo, e ti benediciamo.
℣. Perché con la Tua Santa Croce
hai redento il mondo.

«I passanti lo insultavano scrollando la testa e dicendo: "Tu, che distruggi il tempio e in tre giorni lo riedifichi, salva te stesso: se sei Figlio di Dio scendi dalla croce!". Similmente anche i sommi sa-

cerdoti, con gli scribi e gli anziani, se ne facevano beffe, dicendo: "Salvò altri e non può salvare se stesso! (...) Ha confidato in Dio, lo liberi Dio adesso se gli vuol bene" » (*Mt* 27,39-43).

Gesù: *Mia discepola, abbi un grande amore per coloro che ti fanno soffrire, fa' del bene a coloro che ti odiano* (D. 1628).

S.F.: *O mio Gesù, Tu sai quanta fatica occorre per trattare sinceramente e con semplicità con coloro dai quali la natura rifugge, oppure con coloro che consapevolmente od anche inconsapevolmente ci hanno fatto soffrire. Umanamente la cosa è impossibile. In quei momenti più che in altre circostanze, cerco di scoprire Gesù in quella persona e per amore di Gesù faccio tutto per quelle persone* (D. 766).

O Amore purissimo, regna totalmente nel mio cuore e fammi amare ciò che supera la misura umana (D. 328).

XII stazione:
Gesù muore sulla croce

℟. Ti adoriamo Cristo, e ti benediciamo.
℣. Perché con la Tua Santa Croce
hai redento il mondo.

« Era verso mezzogiorno quando il sole si eclissò e si fece buio su tutta la terra fino alle tre del pomeriggio (...). E Gesù, gridando a gran voce, disse: "Padre, nelle tue mani rimetto lo spirito mio". Detto questo, spirò (*Lc* 23,44-46). **Giunti a Gesù, vedendolo già morto, non gli spezzarono le gambe, ma uno dei soldati gli trafisse il fianco con la lancia e subito ne uscì sangue ed acqua »** (*Gv* 19,33-40).

Gesù: *Tuttto questo per la salvezza delle anime. Rifletti, figlia Mia, su quello che fai tu per la loro salvezza* (D. 1184).

S.F.: *Vidi Gesù inchiodato sulla croce. Dopo che Gesù era rimasto appeso per un momento, vidi tutta una schiera di anime crocifisse come Gesù. E vidi una terza schiera di anime ed una seconda schiera di anime. La seconda schiera non era in-*

chiodata sulla croce, ma quelle anime tenevano saldamente la croce in mano. La terza schiera di anime invece non era né crocifissa né teneva la croce in mano, ma quelle anime trascinavano la croce dietro di sé ed erano insoddisfatte. Allora Gesù mi disse:

Gesù: *Vedi quelle anime, che sono simili a Me nella sofferenza e nel disprezzo: le stesse saranno simili a Me anche nella gloria. E quelle che assomigliano meno a Me nella sofferenza e nel disprezzo: le stesse assomiglieranno meno a Me anche nella gloria* (D. 446).

Gesù, mio Salvatore, nascondimi nel profondo del tuo Cuore, perché rafforzata dalla Tua grazia, possa rendermi simile a Te nell'amore della Croce e possa partecipare alla Tua gloria.

XIII stazione:
Gesù è deposto dalla croce

℟. Ti adoriamo Cristo, e ti benediciamo.

℣. Perché con la Tua Santa Croce
hai redento il mondo.

«Alla vista di ciò che era accaduto il centurione glorificò Dio, dicendo: "Realmente questo uomo era giusto!". E tutte le folle accorsero a quello spettacolo, alla vista di ciò che era accaduto, se ne ritornarono battendosi il petto. Tutti i conoscenti di Gesù stavano a distanza» (*Lc* 23,47-49).

Gesù: *L'anima che Mi è più cara è quella che crede fermamente nella Mia bontà ed ha piena fiducia in Me: le ricambio la Mia fiducia e le do tutto quello che chiede* (D. 453).

S.F.: *Ricorro alla Tua misericordia, o Dio benigno, a Te che sei il solo buono. Benché la mia miseria sia grande e le mie colpe numerose, confido nella Tua misericordia perché sei il Dio della misericordia e da secoli non si è mai udito, né la terra né il cielo ricordano, che un'anima fiduciosa nella Tua misericordia sia rimasta delusa* (D. 1730).

Gesù Misericordioso, moltiplica in me ogni giorno la fiducia nella Tua misericordia, perché sempre e ovunque io dia testimonianza della Tua sconfinata bontà e amore.

**XIV stazione:
Gesù è deposto nel sepolcro**

℟. Ti adoriamo Cristo, e ti benediciamo.

℣. Perché con la Tua Santa Croce
hai redento il mondo.

« Essi presero allora il corpo di Gesù e lo avvolsero in bende, insieme con gli aromi, come usano fare i Giudei per la sepoltura. Ora, nel luogo dove Gesù era stato crocifisso, c'era un giardino e nel giardino c'era un sepolcro nuovo, nel quale nessuno ancora era stato deposto. Là dunque deposero Gesù, a causa della Parasceve dei Giudei, poiché il sepolcro era vicino » (*Gv* 19,38-42).

Gesù: *Ancora non sei nella patria, perciò va', fortificata dalla Mia grazia e combatti per il Mio regno nelle anime umane, combatti come figlia del Re e ricordati che i giorni dell'esilio passeranno presto e con essi la possibilità di acquistare meriti per il cielo. Da te (...) Mi aspetto un gran numero di anime, che glorificheranno la Mia misericordia per tutta l'eternità* (D. 1489).

S.F.: *Ogni anima che mi hai affidato, o Gesù, cercherò di aiutarla con la preghiera e con il sacrificio, affinché la Tua grazia possa operare in essa. O grande innamorato delle anime, o mio Gesù, Ti ringrazio per la grande fiducia, poiché Ti sei degnato di affidare queste anime alle nostre cure* (D. 245).

Fa', o Signore misericordioso, che nessuna delle anime che mi hai affidato perisca.

Preghiera dopo la Via Crucis

O mio Gesù, unica mia speranza, Ti ringrazio per questo grande libro, che hai aperto davanti agli occhi della mia anima. Il grande libro è la Tua Passione affrontata per amor mio. Da questo libro ho imparato come amare Dio e le anime. In esso sono racchiusi (...) inesauribili tesori. O Gesù, quanto sono poche le anime che Ti comprendono nel tuo martirio d'amore! (...) Felice l'anima, che ha capito l'amore del Cuore di Gesù! (D. 304).

Alla fine: Padre nostro, Ave Maria, Gloria (secondo le intenzioni del Sommo Pontefice).

5. *La diffusione del culto della Divina Misericordia*

« *Le anime che diffondono il culto della Mia misericordia, le proteggo per tutta la vita, come una tenera madre protegge il suo bimbo ancora lattante e nell'ora della morte non sarò per loro Giudice, ma Salvatore misericordioso* » (D. 1075). Il Signore Gesù invitando a diffondere il culto della Divina Misericordia ha promesso la Sua protezione particolare per tutta la vita e nell'ora della morte. Una promessa particolare ha riservato per i sacerdoti dicendo che « *i peccatori induriti si inteneriranno alle loro parole, quando essi parleranno della Mia sconfinata misericordia e della compassione che ho per loro nel Mio cuore.*

Ai sacerdoti che proclameranno ed esalteranno la Mia misericordia, darò una forza meravigliosa, unzione alle loro parole e commuoverò i cuori ai quali parleranno » (D. 1521).

La devozione e l'apostolato della Divina Misericordia si devono esprimere in ogni sfera della vita, permeata da una fiducia illimitata nella bontà di Dio e segnata da atti di carità per il prossimo.

« *Tutte le anime che adoreranno la Mia misericordia e ne diffonderanno il culto, esortando altre anime alla fiducia nella Mia misericordia,* — ha promesso Gesù a Santa Faustina — *queste anime nell'ora della morte non avranno paura. La Mia misericordia le proteggerà in quell'ultima lotta* » (D. 1540).

* * *

« O amore eterno, desidero che Ti conoscano tutte le anime che hai creato. Desidererei diventare sacerdote; parlerei incessantemente della Tua misericordia alle anime peccatrici, immerse nella disperazione. Desidererei essere un missionario e portare la luce della fede nei paesi selvaggi per farTi conoscere alle anime e morire annientata per loro con la morte del martirio, con la quale sei morto Tu, per me e per loro. O Gesù, so inoltre molto bene che posso essere sacerdote, missionario, predicatore; posso fare la morte dei martiri col mio totale annientamento ed il rinnegamento di me stessa per amor Tuo, o Gesù, e delle anime immortali. Un grande amore trasforma le piccole cose in cose grandi e solo l'amore dà valore alle nostre azioni e tanto più il nostro amore diventa puro, tanto meno il fuoco delle sofferenze avrà da distruggere in noi (D. 302). Quello che desidero più ardentemente è che le anime conoscano Te; che sappiano che Tu sei la loro eterna felicità; che credano alla Tua bontà e glorifichino la Tua misericordia infinita» (D. 305).

Alcune preghiere di Santa Faustina

L'Amore di Dio è il fiore, e la misericordia è il frutto. L'anima dubbiosa legga queste considerazioni sulla misericordia e diventi fiduciosa.

Davanti al Santissimo Sacramento

Ti adoro, Creatore e Signore nascosto nel SS.mo Sacramento. Ti adoro per tutte le opere delle Tue mani, nelle quali si rivela tanta sapienza, bontà e misericordia. O Signore, hai seminato tanta bellezza sulla terra ed essa mi parla della Tua bellezza, benché sia soltanto un pallido riflesso di Te, Bellezza inconcepibile. E sebbene Ti sia nascosto e Ti tenga occultato ed abbia nascosto la Tua bellezza, il mio occhio illuminato dalla fede Ti raggiunge e la mia anima riconosce il suo Creatore, suo sommo bene, ed il mio cuore s'immerge totalmente in una preghiera di adorazione.

O mio Creatore e Signore, la Tua bontà m'incoraggia a parlarTi, la Tua misericordia fa scomparire fra di noi l'abisso che separa il Creatore dalla creatura. È una delizia per il mio cuore parlare con Te, o Signore. In Te trovo tutto ciò che il mio cuore può desiderare. Qui la Tua luce illumina il mio intelletto e lo rende idoneo a conoscerTi sempre più profondamente. Qui sul mio cuore scendono torrenti di grazie, qui la mia anima attinge la vita eterna.

O mio Creatore e Signore, Tu solo oltre a questi doni mi dai Te stesso e Ti unisci strettamente alla Tua misera creatura. Qui i nostri cuori si comprendono senza ricorrere alle parole, qui nessuno è in grado di interrompere il nostro colloquio. Quello di cui parlo con Te, o Gesù, è un nostro segreto, di cui le creature non saranno messe al corrente... Si tratta di perdoni segreti, che conosciamo solo Gesù e io; è un segreto della Sua misericordia che abbraccia singolarmente ogni anima. Per questa Tua inconcepibile bontà, Ti adoro, o Creatore e Signore, con tutto il cuore e con tutta l'anima. E benché questa mia adorazione sia tanto misera ed insignificante, tuttavia sono tranquilla perché so che Tu conosci che essa è sincera, sebbene così inadeguata (D. 1692).

Preghiera di ringraziamento

O Gesù, o Dio eterno, Ti ringrazio per i Tuoi innumerevoli benefici e le Tue grazie. Ogni battito del mio cuore sia un inno di ringraziamento per Te, o Dio. Ogni goccia del mio sangue circoli per Te, o Signore. La mia anima è tutta un cantico di ringraziamento alla Tua misericordia. Ti amo, o Dio, per Te stesso (D. 1794).

Per ottenere la Misericordia di Dio per il mondo intero

Dio di grande misericordia, bontà infinita, ecco che oggi tutta l'umanità grida dall'abisso della sua miseria alla Tua misericordia, alla Tua compassione, o Dio, e grida con la voce potente della propria miseria. O Dio benigno, non respingere la preghiera degli esuli di questa terra. O Signore, bontà inconcepibile, che conosci perfettamente la nostra miseria e sai che non siamo in grado di innalzarci fino a Te con le nostre forze, Ti supplichiamo, previenici con la Tua grazia e moltiplica incessantemente su di noi la Tua misericordia, in modo che possiamo adempiere fedelmente la Tua santa volontà durante tutta la vita e nell'ora della morte. L'onnipotenza della Tua misericordia ci difenda dagli assalti dei nemici della nostra salvezza, in modo che possiamo attendere con fiducia, come figli Tuoi, la Tua ultima venuta nel giorno noto soltanto a Te. E speriamo, nonostante tutta la nostra miseria, di ottenere tutto ciò che ci è stato promesso da Gesù, poiché Gesù è la nostra fiducia; attraverso il Suo Cuore misericordioso, come attraverso una porta aperta, entreremo in paradiso (D. 1570).

Per la santa Chiesa e per i sacerdoti

O mio Gesù, Ti prego per tutta la Chiesa, concedile l'amore e la luce del Tuo Spirito, dai vigore alle parole dei sacerdoti, in modo che i cuori induriti si inteneriscano e ritornino a Te, Signore. O Signore, dacci santi sacerdoti; Tu stesso conservali nella santità. O Divino e Sommo Sacerdote, la potenza della Tua misericordia li accompagni ovunque e li difenda dalle insidie e dai lacci del diavolo, che egli tende continuamente alle anime dei sacerdoti. La potenza della Tua misericordia, o Signore, spezzi ed annienti tutto ciò che può oscurare la santità dei sacerdoti, poiché Tu puoi tutto (D. 1052).

Gesù mio amatissimo, Ti prego per il trionfo della Chiesa [...] perché benedica il Santo Padre e tutto il clero; per ottenere la grazia della conversione dei peccatori induriti nel peccato; per una speciale benedizione e luce, Te ne prego, Gesù, per i sacerdoti, presso i quali mi confesserò durante la mia vita (D. 240).

Per la Patria

O Gesù misericordiosissimo, Ti prego per l'intercessione dei Tuoi santi e specialmente per intercessione della Tua amatissima Madre, che Ti ha allevato fin dall'infanzia, Ti supplico, benedici la mia Patria. O Gesù, non guardare ai nostri peccati, ma guarda le lacrime dei bambini piccoli, la fame ed il freddo che soffrono. O Gesù, per questi innocenti, fammi la grazia che Ti chiedo per la mia Patria (D. 286).

Per chiedere l'amore verso Dio

Dolcissimo Gesù, infiamma il mio amore verso di Te, e trasformami in Te. Divinizzami affinché le mie azioni Ti siano gradite. Questo lo compia la potenza della santa Comunione, che ricevo ogni giorno (D. 1289).

Per il dono della sapienza

O Gesù dammi l'intelligenza, una grande intelligenza illuminata dalla fede, unicamente per conoscere meglio Te, poiché più Ti conosco, più ardentemente Ti amo. Gesù, Ti chiedo una forte intelligenza per comprendere le cose divine e superiori. Gesù, dammi una grande intelligenza, con la quale potrò conoscere la Tua Essenza divina e la Tua vita interiore e trinitaria. Rendi capace la mia mente con una Tua grazia speciale (D. 1474).

Atti di fiducia

O mio Dio, mia unica speranza, in Te ho posto tutta la mia fiducia e so che non rimarrò delusa (D. 317).

* * *

Conosco tutta la potenza della Tua misericordia ed ho fiducia che mi darai tutto quello di cui ha bisogno questa Tua fragile bambina (D. 898).

* * *

O Gesù nascosto nel SS.mo Sacramento dell'altare, amore mio e mia unica misericordia, Ti raccomando tutte le necessità della mia anima e del mio corpo. Tu puoi aiutarmi, poiché sei la misericordia stessa, in Te sta tutta la mia speranza (D. 1751).

Ricorro alla Tua misericordia, o Dio benigno, a Te che sei il solo buono. Benché la mia miseria sia grande e le mie colpe numerose, confido nella Tua misericordia perché sei il Dio della misericordia e da secoli non si è mai udito, né la terra né il cielo ricordano, che un'anima fiduciosa nella Tua misericordia, sia rimasta delusa. O Dio di pietà, Tu solo puoi perdonarmi e non mi respingerai mai quando ricorrerò pentita al Tuo Cuore misericordioso, dal quale nessuno ha mai ricevuto un rifiuto, fosse pure stato il più grande peccatore (D. 1730).

Per chiedere la grazia di essere misericordiosi

Desidero trasformarmi tutta nella Tua misericordia ed essere il riflesso vivo di Te, o Signore. Che il più grande attributo di Dio, cioè la Sua incommensurabile misericordia giunga al mio prossimo attraverso il mio cuore e la mia anima.

Aiutami, o Signore, a far sì che i miei occhi siano misericordiosi, in modo che io non nutra mai sospetti e non giudichi sulla base di apparenze esteriori, ma sappia scorgere ciò che c'è di bello nell'anima del mio prossimo e gli sia di aiuto.

Aiutami a far sì che il mio udito sia misericordioso, che mi chini sulle necessità del mio prossimo, che le mie orecchie non siano indifferenti ai dolori ed ai gemiti del mio prossimo.

Aiutami, o Signore, a far sì che la mia lingua sia misericordiosa e non parli mai sfavorevolmente del prossimo, ma abbia per ognuno una parola di conforto e di perdono.

Aiutami, o Signore, a far sì che le mie mani siano misericordiose e piene di buone azioni, in modo che io sappia fare unicamente del bene al prossimo e prenda su di me i lavori più pesanti e più penosi.

Aiutami a far sì che i miei piedi siano misericordiosi, in modo che io accorra sempre in aiuto del prossimo, vincendo la mia indolenza e la mia stanchezza. Il mio vero riposo sta nella disponibilità verso il prossimo.

Aiutami, Signore, a far sì che il mio cuore sia misericordioso, in modo che partecipi a tutte le sofferenze del prossimo. A nessuno rifiuterò il mio cuore. Mi comporterò sinceramente anche con coloro di cui so che abuseranno della mia bontà, mentre io mi rifugerò nel misericordiosissimo Cuore di Gesù. Non parlerò delle mie sofferenze. Alberghi in me la Tua misericordia, o mio Signore...

O Gesù mio, trasformami in Te stesso poiché Tu puoi fare tutto (D. 163).

Per i peccatori

O Dio di grande misericordia, che Ti sei degnato inviarci il Tuo Figlio Unigenito come la più grande dimostrazione d'amore e di misericordia senza limiti, Tu non respingi i peccatori, ma hai aperto anche a loro il tesoro della Tua infinita misericordia, al quale possono attingere in abbondanza, non solo la giustificazione, ma ogni santità alla quale l'anima può giungere. Padre di grande misericordia, desidero che tutti i cuori si rivolgano con fiducia alla Tua infinita misericordia.

Nessuno potrà giustificarsi davanti a Te, se non l'accompagnerà la Tua insondabile misericordia. Quando ci rivelerai il mistero della Tua misericordia, l'eternità non sarà sufficiente per ringraziarTi per essa adeguatamente (D. 1122).

* * *

O Gesù, quanto mi fanno pena i poveri peccatori! O Gesù, concedi loro il pentimento ed il dolore; ricordati della Tua dolorosa Passione. Conosco la Tua infinita misericordia. Non posso sopportare che un'anima, che a Te è costata così tanto, debba perire. O Gesù, dammi le anime dei peccatori! La Tua misericordia si posi su di loro. Prendimi tutto, ma dammi le anime. Desidero diventare una vittima sacrificale per i peccatori. L'involucro del corpo nasconda il mio sacrificio, dato che anche il Tuo Sacratissimo Cuore è nascosto nell'ostia, dove pertanto sei un olocausto vivo. O Gesù, transustanziami in Te, affinché io sia un olocausto vivo a Te gradito. Desidero riparare in ogni momento per i poveri peccatori [...] O mio Creatore e Padre di grande misericordia, io confido in Te, poiché sei la Bontà personificata (D. 908).

Nella sofferenza

O Ostia viva, sostienimi in questo esilio, perché possa seguire fedelmente le orme del Salvatore. Non Ti chiedo, Signore, di togliermi dalla croce, ma Ti supplico di darmi la forza di perseverare su di essa. Desidero essere crocifissa come Te, o Gesù;

desidero tutti i tormenti ed i dolori che hai patito Tu; desidero bere il calice dell'amarezza fino in fondo (D. 1484).

* * *

O mio Gesù, dammi la forza di sopportare le sofferenze, in modo che non mi rifiuti di bere il calice dell'amarezza. Aiutami Tu stesso, affinché il mio sacrificio Ti sia gradito; non lo contamini l'amor proprio, anche se si prolunga negli anni. La purezza d'intenzione Te lo renda ben accetto, sempre nuovo e vitale. Una lotta perenne, uno sforzo incessante, questa è la mia vita, per adempiere la Tua santa volontà, ma tutto ciò che è in me, sia la miseria che la forza, tutto Ti lodi, o Signore (D. 1740).

Per la buona morte

O Gesù misericordioso, disteso sulla croce, ricordati dell'ora della nostra morte! O misericordiosissimo Cuore di Gesù, aperto dalla lancia, nascondimi nell'ultima ora della morte. O Sangue e Acqua, che scaturisti dal Cuore di Gesù, come sorgente d'insondabile misericordia per me, o Gesù agonizzante, ostaggio di misericordia, mitiga l'ira di Dio nell'ora della mia morte (D. 813).

* * *

O mio Gesù, fa' che gli ultimi giorni dell'esilio siano completamente conformi alla Tua santissima volontà. Unisco le mie sofferenze, le mie amarezze e l'agonia stessa alla Tua santa Passione e mi offro per il mondo intero per impetrare l'abbondanza della divina misericordia alle anime e specialmente alle anime che vivono nelle nostre case. Ho tanta fiducia e mi affido completamente alla Tua santa volontà, che è la misericordia stessa. La Tua misericordia sarà tutto per me nell'ultima ora (D. 1574).

Alla Madre di Dio

O Maria, Madre e Signora mia, affido a Te la mia anima ed il mio corpo, la mia vita e la mia morte e ciò che verrà dopo. Metto tutto nelle Tue mani. O Madre mia, copri col Tuo manto verginale la mia anima e concedimi la grazia della purezza del cuore, dell'anima e del corpo e difendimi con la Tua potenza da tutti i nemici [...] O splendido Giglio, Tu sei il mio specchio, o Madre mia (D. 79).

* * *

O Madre di Dio, la Tua anima è stata immersa in un mare di amarezze: guarda alla Tua bambina ed insegnale a soffrire e ad amare nella sofferenza. Fortifica la mia anima, in modo che il dolore non la spezzi. O Madre della grazia, insegnami a vivere con Dio (D. 315).

* * *

O dolce Madre del Signore, su Te modello la mia vita, Tu sei per me un'aurora radiosa, estasiata m'immergo tutta in Te. O Madre, o Vergine Immacolata, in Te si riflette per me il raggio di Dio. Tu m'insegni ad amare il Signore nelle tempeste, Tu sei il mio scudo e la mia difesa dai nemici (D. 1232).

Il Santo Rosario

(*Meditazioni dei misteri del Santo Rosario basate sui testi del* Diario *di Santa Suor Faustina*)

All'inizio:

Nel nome del Padre e del Figlio e dello Spirito Santo. Amen.

– O Dio, vieni a salvarmi.
– Signore, vieni presto in mio aiuto.
– Gloria al Padre.

Dopo l'enunciazione di ogni mistero si recita un Padre nostro, *10* Ave Maria, *un* Gloria.

Dopo ogni decina:

Gesù mio, perdona le nostre colpe, preservaci dal fuoco dell'inferno, porta in cielo tutte le anime, specialmente le più bisognose della Tua misericordia.

Alla fine del S. Rosario: Salve, Regina.

Introduzione

Vidi la Madonna fra cielo e terra, in una veste chiara. Pregava con le mani giunte sul petto e lo sguardo rivolto al cielo e dal Suo Cuore uscivano dei raggi di fuoco, alcuni dei quali erano diretti verso il cielo, mentre gli altri coprivano la nostra terra (D. 33).

O Vergine radiosa, pura come il cristallo, tutta immersa in Dio, affido a Te la mia vita interiore. Organizza tutto in modo che sia gradito a Tuo Figlio, o Madre mia (D. 844).

Offro la preghiera del Rosario, attraverso le Tue mani, Madre di Misericordia, per la santa Chiesa, per la nostra Patria e per chiedere la grazia della conversione dei peccatori di tutto il mondo.

Parte I

Misteri gaudiosi

(*lunedì e sabato*)

1. L'Annunciazione dell'Angelo a Maria

L'amore più grande e l'abisso della misericordia li riconosco nell'Incarnazione del Verbo (D. 180). *Oggi ho sentito la vicinanza della Madre Celeste (...). Prima di ogni santa Comunione prego fervorosamente la Madonna, perché mi aiuti a preparare la mia anima a ricevere il Figlio Suo e sento chiaramente la Sua protezione su di me. La prego molto, affinché si degni di accendere in me quel fuoco di amor divino, che ardeva nel Suo Cuore verginale al momento della Incarnazione del Verbo di Dio* (D. 1114).

2. La Visita di Maria a Santa Elisabetta

Gesù: *Figlia Mia, durante questa meditazione rifletti sull'amore del prossimo. È il Mio amore che ti guida nell'amore del prossimo? Preghi per i nemici? Desideri il bene per coloro che in qualsiasi maniera ti hanno rattristata od offesa? Sappi che tutto ciò che fai di buono per qualsiasi anima lo accetto come se lo avessi fatto a Me stesso* (D. 1768).

3. La nascita di Gesù nella capanna di Betlemme

Quando giunsi alla Messa di Mezzanotte, (...) mi immersi tutta in un profondo raccoglimento, nel quale vidi la Capanna di Betlemme inondata da tanta luce. La Vergine SS.ma avvolgeva nei pannolini Gesù, tutta assorta in un grande amore. San Giuseppe invece dormiva ancora. Solo quando la Madonna depose Gesù nella mangiatoia, la luce divina svegliò Giuseppe che si unì nella preghiera. Dopo un po' rimasi io sola col piccolo Gesù, che allungò le sue manine verso di me ed io compresi che Lo dovevo prendere in braccio. Gesù appoggiò la Sua testina sul mio cuore e con uno sguardo profondo mi fece comprendere che stava bene accanto al mio cuore (D. 1442).

4. La presentazione di Gesù Bambino al tempio

O Maria, oggi (a causa delle parole profetiche di Simeone) una terribile spada ha trafitto la Tua santa anima. Nessuno, eccetto Iddio, ha conosciuto la Tua sofferenza. La Tua anima non si è spezzata, ma è stata forte, poiché era con Gesù. O madre dolce, unisci la mia anima a Gesù, poiché solo allora potrò superare tutte le prove e le esperienze e solo in unione con Gesù i miei piccoli sacrifici saranno graditi a Dio. Madre dolcissima, ammaestrami sulla vita interiore. La spada della sofferenza non mi spezzi mai. O Vergine pura, infondi la fortezza nel mio cuore e custodiscilo (D. 915).

5. Il ritrovamento di Gesù fra i dottori nel tempio

Non cerco la felicità all'infuori dell'intimo, dove dimora Iddio. Gioisco di Dio nel mio intimo; qui dimoro continuamente con Lui; qui avviene il mio rapporto più familiare con Lui; qui con Lui dimoro si-

cura; qui non giunge occhio umano. La Santissima Vergine mi incoraggia a trattare così con Dio (D. 454).

Alla fine:

O Maria, Madre e Signora mia, affido a Te la mia anima ed il mio corpo, la mia vita e la mia morte e ciò che verrà dopo. Metto tutto nelle Tue mani. O Madre mia, copri col Tuo manto verginale la mia anima e concedimi la grazia della purezza del cuore, dell'anima e del corpo e difendimi con la Tua potenza da tutti i nemici (D. 79).

Parte II
Misteri della luce
(*giovedì*)

1. Il Battesimo di Gesù al Giordano

Dal Vangelo secondo Matteo

Appena battezzato, Gesù uscì dall'acqua: ed ecco, si aprirono i cieli ed egli vide lo Spirito di Dio scendere come una colomba e venire su di lui. Ed ecco una voce dal cielo che disse. «Questo è il Figlio mio prediletto, nel quale mi sono compiaciuto» (*Mt* 3,14-17).

Grazie, o Dio, per il santo battesimo,
Che m'ha inserito nella Tua famiglia:
È un grande,
inconcepibile dono della grazia
Che ci trasforma l'anima (D. 1286).

2. Le nozze di Cana

Dal Vangelo secondo Giovanni

Ci fu uno sposalizio in Cana di Galilea e c'era la madre di Gesù. Fu invitato alle nozze anche Gesù con i suoi discepoli.

Nel frattempo, venuto a mancare il vino, la madre di Gesù gli disse: « Non hanno più vino » (*Gv* 2,1-3).

> O Maria, Vergine Madre
> e Porta del cielo,
> Attraverso Te ci è venuta la salvezza,
> Ogni grazia sgorga per noi
> dalle Tue mani
> E solo la Tua fedele imitazione
> mi farà santa (D. 161).

3. L'annuncio del regno di Dio

Dal Vangelo secondo Marco

Il tempo è compiuto e il regno di Dio è vicino, convertitevi e credete al vangelo (*Mc* 1,15).

Il Signore mi ha detto: « Figlia Mia, non desistere dal diffondere la Mia Misericordia, con ciò procurerai refrigerio al Mio Cuore, che arde del fuoco della compassione per i peccatori. Dì ai Miei sacerdoti che i peccatori induriti si inteneriranno alle loro parole, quando essi parleranno della Mia sconfinata Misericordia e della compassione che ho per loro nel Mio Cuore. Ai sacerdoti che proclameranno ed esalteranno la Mia Misericordia, darò una forza meravigliosa, unzione alle loro parole e commuoverò i cuori ai quali parleranno» (D. 1521).

4. La trasfigurazione di Gesù sul Tabor

Dal Vangelo secondo Luca

Gesù prese con sé Pietro, Giovanni e Giacomo, e salì sul monte a pregare. E, mentre pregava, il suo volto cambiò d'aspetto e la sua veste divenne candida e sfolgorante (*Lc* 9,28-29).

Signore, sento che il mio cuore si riempie del Tuo amore, che i raggi della Tua Misericordia e del Tuo amore sono penetrati nella mia anima. Eccomi, Signore, che vengo per rispondere alla Tua chiamata. Ecco, vado alla conquista delle anime, sostenuta dalla Tua grazia; sono pronta a seguirTi, Signore, non solo sul Tabor, ma anche sul Calvario. Voglio condurre le anime alla sorgente della Tua Misericordia, affinché su tutte le anime si rifletta lo splendore dei Tuoi raggi misericordiosi e si riempia la casa del Padre (D. 1488).

5. L'istituzione dell'Eucaristia

Dal Vangelo secondo Matteo

Mentre mangiavano, Gesù prese il pane e, pronunziata la benedizione, lo spezzò e lo diede ai discepoli dicendo: «Prendete e mangiate; questo è il mio corpo». Poi prese il calice e, dopo aver reso grazie, lo diede loro, dicendo: «Bevetene tutti, perché questo è il mio sangue dell'alleanza, versato per molti, in remissione dei peccati» (*Mt* 26,26-28).

Tu, o Signore, mentre partivi da questa terra, hai voluto restare con noi ed hai lasciato Te stesso nel sacramento dell'altare e ci hai spalancato la Tua Misericordia. Non c'è miseria che Ti possa esaurire. Hai chiamato tutti a questa sorgente d'amore, a questa fonte della divina pietà. È lì la sede della Tua Misericordia, lì la medicina per le nostre infermità. Verso Te, viva sorgente di Misericordia, tendono tutte le anime: alcune come cervi assetati del Tuo amore, altre per lavare le ferite dei loro peccati, altre ancora per attingere forza per affrontare i disagi della vita. Quando spirasti sulla croce nello stesso istante ci hai donato la vita eterna. Permettendo che squarciassero il Tuo sacratissimo fianco, ci hai aperto la sorgente inesauribile della Tua Misericordia, ci hai dato quello che avevi di più prezioso, cioè il Sangue e l'Acqua del Tuo Cuore. Ecco l'onnipotenza della Tua Misericordia, dalla quale giunge a noi ogni grazia (D. 1747).

Parte III

Misteri dolorosi

(*martedì e venerdì*)

Introduzione

Gesù mi aveva detto che Gli sarebbe piaciuto soprattutto che meditassi la Sua dolorosa Passione. In seguito a questa meditazione molta luce si riversa sulla mia anima. Chi vuole imparare la vera umiltà, mediti la Passione di Gesù (...). Io desidero essere simile a Te, o Gesù, a Te crocifisso, maltrattato, umiliato. O Gesù, imprimi nella mia anima e nel mio cuore la Tua umiltà. Ti amo, Gesù, alla follia. Te annientato, come Ti descrive il profeta (D. 267).

1. L'orazione di Gesù nell'Orto degli Ulivi

La sera, quando entrai nella piccola cappellina udii nell'anima queste parole: «Figlia Mia, medita su queste parole: "Ed in preda all'angoscia, pregava più a lungo"». Quando cominciai a riflettere più a fondo, molta luce penetrò nella mia anima. Compresi di quanta perseveranza nella preghiera abbiamo bisogno e che da tale faticosa preghiera dipende talvolta la nostra salvezza (D. 157).

2. La flagellazione di Gesù Cristo

Vidi Gesù mentre veniva flagellato. Che supplizio inimmaginabile! Come soffrì tremendamente Gesù per la flagellazione! O poveri peccatori, come vi incontrerete nel giorno del giudizio con quel Gesù, che ora torturate a quel modo? Il Suo Sangue colava per terra e in alcuni punti cominciava a staccarsi la carne. Sulla schiena ho visto alcune Sue ossa scarnificate. Gesù (...) emetteva flebili lamenti e sospiri (D. 188).

3. La coronazione di spine di Gesù Cristo

Dopo la flagellazione i carnefici presero il Signore e Gli tolsero la veste, che si era già attaccata alle Piaghe. Mentre gliela toglievano le Sue Piaghe si riaprirono. Poi buttarono addosso al Signore un mantello rosso, sporco e stracciato, sulle Piaghe aperte. Quel mantello arrivava alle ginocchia solo in alcuni punti. Poi ordinarono al Signore di sedersi su un pezzo di trave, mentre veniva intrecciata una corona di spine, con la quale cinsero la sacra Testa. Gli venne messa una canna in mano e ridevano di Lui, facendoGli inchini come ad un re. Gli sputavano in faccia ed altri prendevano la canna e Gliela battevano in Testa ed altri Gli procuravano dolore dandoGli pugni, altri Gli coprivano il Volto e lo schiaffeggiavano. Gesù sopportò in silenzio (...). Facevano a gara per schernire il Signore. Riflettei da che cosa potesse derivare tanta malignità nell'uomo. E purtroppo questa deriva dal peccato. Si erano incontrati l'Amore ed il peccato (D. 408).

4. La salita di Gesù al Calvario

Il mondo non conosce ancora tutto quello che Gesù ha sofferto. Gli ho fatto compagnia nell'Orto degli Ulivi e nel buio della prigione sotterranea, negli interrogatori dei tribunali; sono stata con Lui in ogni tappa della Sua Passione. Non è sfuggito alla mia attenzione un solo movimento, né un Suo sguardo. Ho conosciuto tutta l'onnipotenza del Suo amore e della Sua misericordia verso le anime (D. 1054).

5. La crocifissione e morte di Gesù

Alle tre vidi Gesù Crocifisso che mi guardava e disse: «Ho sete». Ad un tratto vidi che dal Suo costato uscirono gli stessi due raggi che sono nell'immagine. Nello stesso momento sentii nell'anima un desiderio di salvare le anime e di annientarmi per i poveri peccatori (D. 648). *Gesù ormai ha concluso la sua vita mortale, ho udito le Sue sette parole, poi ha guardato verso di me ed ha detto: «Diletta figlia del Mio Cuore, tu sei un refrigerio per Me fra orribili tormenti»* (D. 1058).

Alla fine:

O Madre di Dio, la Tua anima è stata immersa in un mare di amarezze: guarda alla Tua bambina ed insegnale a soffrire e ad amare nella sofferenza. Fortifica la mia anima, in modo che il dolore non la spezzi. O Madre della grazia, insegnami a vivere con Dio (D. 315).

Parte IV

Misteri gloriosi

(*mercoledì e domenica*)

Preghiera introduttiva

O dolce Madre del Signore, su Te modello la mia vita, Tu sei per me un'aurora radiosa, estasiata mi immergo tutta in Te. O Madre, o Vergine Immacolata, in Te si riflette per me il raggio di Dio. Tu mi insegni ad amare il Signore nelle tempeste, Tu il mio scudo e la mia difesa dai nemici (D. 1232).

1. La Risurrezione di Gesù Cristo

Oggi durante la funzione pasquale, ho visto il Signore Gesù in un grande splendore; si è avvicinato a me e mi ha detto: «Pace a voi, figlioli Miei!» ed ha alzato la mano ed ha benedetto. Le piaghe delle mani, dei piedi e del costato non erano cancellate ma risplendenti. Poi mi guardò con tanta amabilità ed amore che la mia ani-

ma si immerse totalmente in Lui e mi disse: «Hai preso tanta parte alla mia Passione, per questo avrai tanta parte alla Mia gloria ed alla Mia gioia» (D. 205).

2. L'Ascensione di Gesù al cielo

Oggi ho fatto compagnia a Gesù mentre ascendeva in cielo (...). Mi vidi in mezzo ad una grande schiera di discepoli e di Apostoli. C'era anche la Madonna. Gesù stava dicendo che andassero in tutto il mondo «insegnando nel Mio nome». Poi stese le braccia, li benedisse e scomparve in una nuvola. Vidi la nostalgia della SS.ma Vergine. La Sua anima provò nostalgia di Gesù con tutta la forza del Suo amore, ma era talmente serena ed abbandonata in Dio, che nel Suo Cuore non c'era nemmeno un palpito che non fosse concorde con la volontà di Dio (D. 1710).

3. La discesa dello Spirito Santo sopra Maria e gli Apostoli nel Cenacolo

Trascorro dei momenti con la SS.ma Vergine. Attendo con ardente nostalgia la venuta del Signore. I miei desideri sono grandi. Desidero che tutti i popoli conoscano il Signore; desidero preparare tutte le nazioni a ricevere il Verbo Incarnato. O Gesù, fa' che la sorgente della Tua misericordia scaturisca con maggiore abbondanza, poiché l'umanità è molto malata (D. 793).

4. L'Assunzione di Maria al cielo

Durante la meditazione, la presenza di Dio è penetrata vivamente in me ed ho conosciuto la gioia della SS.ma Vergine al momento della Sua Assunzione in cielo (...). Sono rimasta sola con la Madonna, la quale mi ha istruita circa la volontà di Dio, come applicarla nella vita, sottomettendomi totalmente ai Suoi santissimi decreti (D. 1244). *Mi disse: «La vera grandezza dell'anima consiste nell'amare Dio e nell'umiliarsi alla Sua presenza, nel dimenticare totalmente se stessi e nel considerarsi un nulla, poiché il Signore è grande, ma si compiace soltanto degli umili, ai superbi resiste sempre»* (D. 1711).

5. L'Incoronazione di Maria e la gloria degli Angeli e dei Santi

Fin dal mattino ho avvertito la vicinanza della Madre SS.ma. Durante la santa Messa l'ho vista così splendente e bella, che non ho parole per poter esprimere almeno in piccola parte la Sua bellezza. Era tutta bianca, cinta da una sciarpa azzurra; anche il manto azzurro, la corona sul capo e da tutta la Sua persona si irradiava uno splendore inconcepibile. «Sono la Regina del cielo e della terra, ma soprattutto la vostra Madre» (D. 805).

Alla fine:

O Maria, Vergine Immacolata, prendimi sotto la Tua specialissima protezione e custodisci la purezza della mia anima, del mio cuore e del mio corpo. Tu sei il modello e la stella della mia vita (D. 874).

Litanie alla Divina Misericordia

Signore, pietà,

Signore, pietà.

Cristo, pietà,

Cristo, pietà.

Cristo, ascoltaci.
Cristo, esaudiscici.
Padre del cielo, Dio,

abbi pietà di noi.

Figlio, Redentore del mondo che sei Dio,

abbi pietà di noi.

Spirito Santo, Dio,

abbi pietà di noi.

Santa Trinità, unico Dio,

abbi pietà di noi.

Misericordia di Dio,
che scaturisci dal seno del Padre,

confidiamo in Te.

Misericordia di Dio,
massimo attributo della Divinità,
Misericordia di Dio,
mistero incomprensibile,
Misericordia di Dio, sorgente che emani
dal mistero della Trinità,

Misericordia di Dio, che nessuna mente
né angelica né umana può scrutare,
Misericordia di Dio,
da cui proviene ogni vita e felicità,
Misericordia di Dio, sublime più dei cieli,
Misericordia di Dio,
sorgente di stupende meraviglie,
Misericordia di Dio,
che abbracci tutto l'universo,
Misericordia di Dio, che scendi al mondo
nella persona del Verbo Incarnato,
Misericordia di Dio, che scorresti dalla ferita
aperta del Cuore di Gesù,
Misericordia di Dio,
racchiusa nel cuore di Gesù per noi
e soprattutto per i peccatori,
Misericordia di Dio, imperscrutabile
nell'istituzione dell'Eucaristia,
Misericordia di Dio,
che fondasti la santa Chiesa,
Misericordia di Dio,
che istituisti il Sacramento del Battesimo,
Misericordia di Dio,
che ci giustifichi attraverso Gesù Cristo,

Misericordia di Dio,
che per tutta la vita ci accompagni,
Misericordia di Dio, che ci abbracci
specialmente nell'ora della morte,
Misericordia di Dio,
che ci doni la vita immortale,
Misericordia di Dio, che ci segui
in ogni istante della nostra esistenza,
Misericordia di Dio,
che converti i peccatori, induriti,
Misericordia di Dio,
che ci proteggi dal fuoco dell'inferno,
Misericordia di Dio,
meraviglia per gli angeli,
incomprensibile ai santi,
Misericordia di Dio,
presente in tutti i divini misteri,
Misericordia di Dio,
che ci sollevi da ogni miseria,
Misericordia di Dio,
sorgente d'ogni nostra gioia,
Misericordia di Dio,
che dal nulla ci chiamasti all'esistenza,

Misericordia di Dio,
  che abbracci tutte le opere
    nelle tue mani,
Misericordia di Dio,
  che coroni tutto ciò che esiste e esisterà,
Misericordia di Dio,
  in cui tutti siamo immersi,
Misericordia di Dio,
  amabile conforto dei cuori disperati,
Misericordia di Dio, in cui i cuori riposano
  e gli spauriti trovano pace,
Misericordia di Dio,
  che ispiri speranza contro ogni speranza,
confidiamo in Te.

Agnello di Dio,
  che togli i peccati del mondo,
perdonaci o Signore.

Agnello di Dio,
  che togli i peccati del mondo,
ascoltaci, o Signore.

Agnello di Dio,
  che togli i peccati del mondo,
abbi pietà di noi.

Dopo le litanie:

Dio eterno, la cui Misericordia è infinita e in cui il tesoro della compassione è inesauribile, rivolgi a noi uno sguardo di bontà e moltiplica in noi la tua Misericordia, affinché, nei momenti difficili, non ci perdiamo d'animo e non smarriamo la speranza, ma, con la massima fiducia, ci sottomettiamo alla tua santa volontà, la quale è Amore e Misericordia. Amen.

Preghiera per ottenere le grazie per intercessione di Santa Faustina

Oh Gesù, che hai reso Santa Faustina, una grande devota della Tua immensa misericordia, concedimi, per sua intercessione, e secondo la Tua santissima volontà, la grazia di..., per la quale Ti prego.

Essendo peccatore non sono degno della Tua misericordia. Ti chiedo perciò, per lo spirito di dedizione e di sacrificio di Santa Faustina e per la sua intercessione, esaudisci le preghiere che fiduciosamente Ti presento.

Padre nostro..., Ave, Maria..., Gloria...

Litanie di Santa Faustina

Signore pietà

Signore pietà.

Cristo pietà

Cristo pietà.

Cristo ascoltaci

Cristo esaudiscici.

Padre celeste, Dio

abbi pietà di noi.

Figlio redentore del mondo, Dio

abbi pietà di noi.

Spirito Santo, Dio

abbi pietà di noi.

Santa Trinità, unico Dio

abbi pietà di noi.

Santa Maria

prega per noi.

Santa Faustina, testimone viva della misericordia del Padre celeste

prega per noi.

Santa Faustina, serva umile di Gesù Misericordia Incarnata

Santa Faustina, strumento obbediente dello Spirito Consolatore

Santa Faustina, figlia fiduciosa
della Madre della Misericordia
Santa Faustina, confidente del messaggio
sulla misericordia
Santa Faustina, segretaria fedele
delle parole di Gesù Misericordioso
Santa Faustina, grande apostola
della Divina misericordia
Santa Faustina, dispensatrice di Dio
ricco di misericordia
Santa Faustina, dono per tutto il mondo
Santa Faustina, scrutatrice della bontà di Dio
in ogni creatura
Santa Faustina, adoratrice di Dio
nel mistero dell'Incarnazione
Santa Faustina, partecipante alla passione
e alla resurrezione del Signore
Santa Faustina, guida sulla strada
della croce di Gesù
Santa Faustina,
incontrante Gesù nei sacramenti
Santa Faustina, unita allo Sposo Divino
nella propria anima
Santa Faustina, illuminata dalla misericordia
di Dio nella vita di Maria

Santa Faustina, amante della Chiesa
  Corpo Mistico di Cristo
Santa Faustina, forte della fede vera
Santa Faustina,
  costante nella speranza irremovibile
Santa Faustina, ardente di amore
Santa Faustina, bella dell'umiltà vera
Santa Faustina, semplice nella fiducia filiale
Santa Faustina, esempio dell'adempimento
  della volontà di Dio
Santa Faustina,
  esempio del servizio sacrificale
Santa Faustina, protettrice affettuosa
  delle anime dei sacerdoti e dei religiosi
Santa Faustina, difenditrice dei bambini
  e dei giovani dal male
Santa Faustina, speranza degli smarriti
  e dei disperati
Santa Faustina, rinforzo dei malati
  e dei sofferenti
Santa Faustina, sacrificante per i peccatori
Santa Faustina, animatrice di fiducia
  nei cuori degli agonizzanti
Santa Faustina, preoccupata per la salvezza
  di tutti gli uomini

Santa Faustina,
protettrice dei sofferenti nel purgatorio
Santa Faustina, implorante
la Divina misericordia per tutto il mondo
Agnello di Dio, che togli i peccati
del mondo, perdonaci, Signore
Agnello di Dio, che togli i peccati
del mondo, esaudiscici, Signore
Agnello di Dio, che togli i peccati
del mondo, abbi pietà di noi

Prega per noi, Santa Faustina, affinché con la vita e con le parole proclamiamo al mondo il messaggio della Misericordia.

Preghiamo:

Dio Misericordioso, accogli i nostri ringraziamenti per il dono della vita e della missione di Santa Faustina e aiutaci con la sua intercessione a crescere nell'atteggiamento di fiducia verso di Te e di misericordia verso il prossimo. Per Cristo nostro Signore. Amen.

Preghiera a Gesù Misericordioso del Santo Padre Giovanni Paolo II

Ti benediciamo, Padre santo:
nel Tuo immenso amore
verso il genere umano,
hai mandato nel mondo come Salvatore
il Tuo Figlio, fatto uomo nel grembo
della Vergine purissima.

In Cristo, mite ed umile di cuore
Tu ci hai dato l'immagine
della Tua infinita misericordia.

Contemplando il Suo volto
scorgiamo la Tua bontà,
ricevendo dalla Sua bocca le parole di vita,
ci riempiamo della Tua sapienza;
scoprendo le insondabili profondità
del Suo cuore
impariamo benignità e mansuetudine;
esultando per la sua risurrezione,
pregustiamo la gioia della Pasqua eterna.

Concedi, o Padre, che i tuoi fedeli,
onorando questa sacra effigie

abbiamo gli stessi sentimenti
che furono in Cristo Gesù,
e diventino operatori di concordia e di pace.

Il Figlio Tuo, o Padre,
sia per tutti noi la verità che ci illumina,
la vita che ci nutre e ci rinnova,
la luce che rischiara il cammino,
la via che ci fa salire a Te
per cantare in eterno la Tua misericordia.

Egli è Dio e vive e regna nei secoli dei secoli. Amen.

(Preghiera recitata dal Santo Padre Giovanni Paolo II il 23 aprile 1995, in occasione della «Domenica della Divina Misericordia», nella Chiesa di Santo Spirito in Sassia).

INDICE

CHIESA DI SANTO SPIRITO IN SASSIA

ORARIO FUNZIONI

Messe: ore **7,30** e **18,30** (giorni feriali)
ore **11**, **12,30** e **18,30** (domenica e festivi)

Tutti i giorni: ore **15** – Ora della Misericordia (Coroncina e Via Crucis)
ore **17,30** – Adorazione del SS. Sacramento
ore **18** – Recita del S. Rosario e della Coroncina

Confessioni – dalle ore **17** alle ore **19** (tutti i giorni)

Il giorno 5 di ogni mese: ore **17** – Messa alla Divina Misericordia

Ogni giovedì del mese: Adorazione Eucaristica dalle ore **19,30** alle ore **21**

Ogni terzo venerdì del mese: ore **19,30** – Catechesi sul mistero della Divina Misericordia

22 febbraio: ore **17,00** – Messa in ricordo della prima apparizione di Gesù a Suor Faustina

Venerdì Santo: ore **17** – Inizio della Novena alla Divina Misericordia

Seconda domenica di Pasqua:
ore **9,30** – Messa solenne – FESTA DELLA DIVINA MISERICORDIA

5 ottobre: ore **17** – Messa nel giorno della Festa liturgica di Santa Faustina

Pentecoste: FESTA TITOLARE DELLA CHIESA

TIPOGRAFIA VATICANA
Ristampa 2012